女僕的祕密生活

黑衣、 圍裙、 白緞帶， 揭開英國上流底層的隱藏真相

村上理子 （村上リコ） 著／洛薩 譯

目錄

序章 女僕的原貌
女僕是什麼？…… 4
最主流的勞動女性行業 …… 6
Column 階級制度 …… 8
Column 本書的時代背景 …… 10

第一章 女僕的居住地
華麗貴族的宅邸 …… 14
鄉間宅邸的「正廳」與「內室」 …… 19
「僕人活動區域」的構造 …… 20
飲食、休憩、睡眠的房間 …… 24
「樓上」和「樓下」的人 …… 27
Column 英國女僕的入浴與如廁 …… 30

第二章 女僕的啟程
「離家」 …… 33
開始工作的契機 …… 36
就職的方法 …… 39
栽培女僕的學校 …… 41
Column 女子與學校教育 …… 43

第三章 女僕的工作
「上緊發條」的工作表 …… 46
承攬全部工作的一般女僕 …… 49
洗碗女僕的手 …… 52
廚房裡的喜怒哀樂 …… 54
身為裝飾品的女僕 …… 56
看不見身影的「家中精靈」 …… 58

第四章 女僕與夫人
神決定了秩序 …… 61
獎勵書 …… 65
國籍與教派的限制 …… 66
夫人與女僕的關係 …… 67
孩子與女僕的關係 …… 70
成為一員的「我們」 …… 72
Column 女僕的名字與稱呼方法 …… 75

第五章 女僕與同僚
用餐的「慣例」 …… 78
靜默不語的「Dinner」 …… 80
晉升和摩擦——貼身女僕的處境 …… 81
「特殊」的保母們 …… 82
無依無靠的家庭教師 …… 83
對立的火種 …… 84
閣樓房裡的青春 …… 86
Column 女僕們的伙食 …… 87

第六章　女僕的制服

令人「討厭」的上午制服……90
黑白搭配的下午服裝……92
「嚮往的」女僕制服……93
自付制服費用……95
顯示地位的衣服和帽子……97
醫院的護理師與孩子的護理師……100
超級厭惡的女僕帽……102
Column 軟棉布到底是什麼布？……104

第七章　女僕的錢包

第一份薪水和用法……106
興奮購物去……110
十九世紀末女僕的年俸……111
男女工資之差距……113
津貼、外快、小費……114
損壞東西的賠償……119
買腳踏車……121

第八章　女僕的娛樂

何時？休假多久呢？……122
超過門禁時間……125
一年一次盛裝打扮回故鄉……126
聖誕節和僕人舞會……128
節禮日（Boxing Day）……130
創造各種不同歡樂的惡作劇……133
裁縫、編織、閱讀……136
著迷於「愛情小說」……137

第九章　女僕的戀人

男友被稱為「跟屁蟲」……140
女僕的男友是「臭蟲」……141
員工的職場戀愛……143
虎視眈眈的「家族」……144
意外「懷孕」，然後……146
男友是軍人？還是警官？……147
偷偷發展的戀情……148
遠距離戀愛的悲劇……150
與戀人通信維繫感情……150
Column「不對等身分的愛情」——傳說與現實……154

第十章　女僕的未來

夫人的煩惱——部分中產階級家庭的情形……160
雇不到女僕！「僕人的問題」……162
女僕膝（Housemaid's knee）職業病……163
一技在身，順利轉職的例子……164
女僕的最高地位——女管家（Housekeeper）……166
長年服務的「忠誠僕人」……168
心生不滿之聲……170
女僕之間的階級意識……171
消失身影的她們……173

後記……175

女僕是什麼？

看著以百年前英國為舞台的電影，目光不禁停留在戴帽、身著黑洋裝白圍裙、緞帶飄動搖曳著的勞動女子身上。影片裡她們稍稍屈膝，微微點頭，行著典型的西洋式禮儀。她們不是攝影機鏡頭下的焦點，但那迷濛般的存在感總是在出其不意之處出現。

她們——女僕，是受雇於他人家庭、領取薪水、接受雇主提供食宿的家事幫傭者。在中世紀以前，服務貴族、地主、上流階級的幾乎都是男僕人。直至十九世紀，中產階級雇用的女僕人數激增，才使女性在幫傭行業中逐漸占了絕大多數。當時因工業革命而致富的人，為了

建築家、藝術品收藏家斯普沙恩克斯與其女僕。十九世紀初，她們尚未穿著黑白制服。〈室內的約翰．斯普沙恩克斯（John Sheepshanks）肖像，Old Bond Street 自宅〉（1832），威廉．蒙里迪（William Mulready，1786-1863）作。

向周遭誇示自己非屬勞動階級，而是躋身成為上層階級之名流，縱使雇不起一位管家（butler），在虛榮心作祟下，就算拼命也要雇用一個低薪、無經驗的少女。

她們多半只是電影裡的配角。就連在當時的小說或兒童圖書裡，敘述的主角也往往都是以中產層階以上的紳士淑女、千金小姐、少爺為主。《祕密花園》（一九九三）書中照顧瑪莉的貼身女僕瑪莎，角色一如開始所設定，到了故事後半段，當故事的舞台移至花園後，瑪莎就只剩下留守宅邸的身分，很少有她出場的戲分了。《小公主》（一九三九）裡擔任廚房助手的貝琪，扮演著支持鼓勵莎拉度過困境，滋養友情的角色。但在故事最高潮時亦完全淡出了。若就原著情節發展，莎拉即使後來恢復了千金小姐的身分，貝琪始終不過是個女僕。

1 | 2

1. 維多利亞時代中期以風俗畫聞名的威廉·鮑威爾·弗里思（William Powell Frith，1819-1909）所繪的〈年輕女僕〉。畫中上等的服裝、裝飾，白皙的雙手，垂墜的捲髮與勞動現況相去甚遠的肖像。讓人不禁引發畫家是否真的是以女僕本人為模特兒來創作的諸多聯想。 2. 打掃之際，突然湧起思鄉之情。這些女僕都是正當十幾歲花樣年華，便離鄉背井到他鄉異地工作。圖中細膩地描畫出中產階級家庭的客廳，饒富趣味。〈第一個職場〉（1860 年）A. 艾魯德（A. Erwood）作。

《變身怪醫》（一九九六）、《荊之城》（二〇〇五）等幾部電影，都是以十九世紀的女僕作為主角。但這些作品的原著都是一九九〇年以後才撰寫的「擬維多利亞時代小說」，而不是真正同時代的著作。十九世紀的英國文學，正極力地消除有關於性的議題、低俗的詞彙以及冒瀆的態度等元素。這些甘冒大不諱，敢於以女僕作為寫作題材的作品，大概是想試圖填補當時文學不想寫也不能寫的「縫隙」吧！

最主流的勞動女性行業

大抵而言，女僕的人數並不算少。單就從十九世紀過渡到二十世紀之際的英格蘭和威爾斯來看，合計起來大約有一百三十萬名女性，從事著一般家庭的家事幫傭工作，是當時勞動女性從事行業中的最大宗。約每三人中就有一人是女僕，足見從事幫傭確實是當時相當普遍的社會現象。

描繪這些女僕身影的圖像和照片，目前仍隨處可見：不僅散見於知名畫家所繪的風俗畫，還有以雇主和夫人為主要讀者而出版的家庭雜誌、男主人間風行

〈宴會的準備〉（1866）詹姆斯·海勒（James Hayllar）作。為小女孩打緞帶結，並送她去宴會的保姆。千金小姐的正式出席宴會日，會穿上合適、上等質料的軟質洋裝、鮮豔的緞子，與傭人樸素茶色的衣服恰好形成一對照。

的知性諷刺漫畫誌、千金們喜愛的少女雜誌，以及特別針對那些自學校畢業後想從事女僕工作的學童教育指南。還有一些是主人們隨興拍攝，穿著工作服，露出微笑且畫質不佳的員工團體照。

不管是誰收藏到那些女僕的畫作或攝影作品，應該都會感到賞心悅目吧。透過不同媒材，能看到她們完全不同的表情。有純樸的鄉村女孩，也有輕挑的小惡魔，還有瘦到令人憐惜的少女。那一張張的臉，都是最貼近女僕真實側寫的紀錄！

本書以十九世紀後半到二十世紀初的英國為中心，蒐集各式各樣的圖片和資料，重新建構出女僕的人生樣貌。讓我們把目光聚焦在這群「最平凡的女子」身上，將其配角的身分轉換為主角，談談箇中的工作，喜、怒、哀、樂、戀愛、結婚，以及未來。

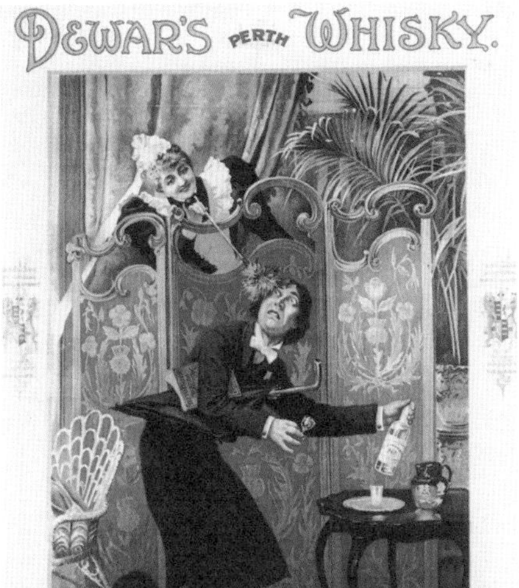

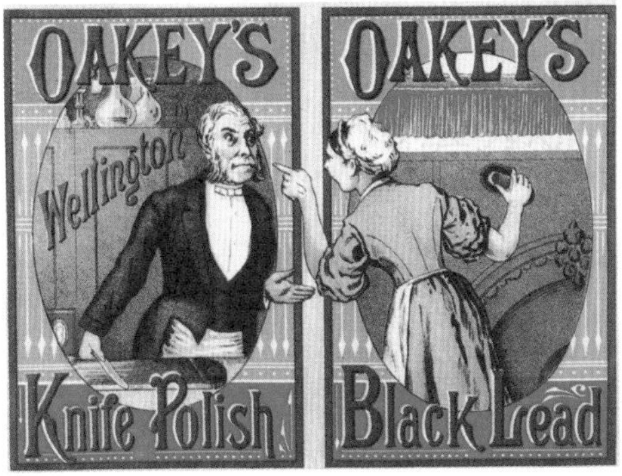

1 2
3

1. 腋下夾著《禁酒主義雜誌》，偷偷伸手拿威士忌的紳士，正被客廳女僕逗弄著。也許是師承奧斯卡．王爾德（Oscar Wilde）的喜劇風？畫於 1895 年左右。 2.「Watson's 無與倫比清潔皂」廣告，可愛能幹又簡潔的女僕形象，造成熱賣暢銷。1898 年。 3. 刀具磨光劑（左）與塗暖爐黑鉛（右）的廣告小冊子。銀器由管家，暖爐由家事女僕負責。1890 年左右。

column

階級制度

英國社會對不同社會地位的族群，有著明確的階層區分。雖然這種區分的界線有諸多說法，但自維多利亞時代以後，一般分為上流階級、中產階級以及勞動階級這三類。讓我們一起來看看這三個階級在十九世紀即將結束之際的情況。

上流階級

上流階級是由貴族和地主所組成。正常來算，貴族的年收入大約是一萬英鎊以上，地主則是從一千到三千英鎊不等。他們原則上既不親手勞動，也不需為金錢煩惱，過著從土地的收入和利息獲利、不用工作也能過活的日子。他們將時間花在社交、運動、慈善，以及擔任國會議員或是治安審判官等公益性質的無償名譽職。

離舞會開始還早，客人稀稀落落。女傭們正從走道的門縫偷窺，鮮亮繽紛的服裝照映在由女僕擦亮的木地板上。〈提早抵達〉（1873），詹姆斯．迪索（James Tissot，1836-1902）作。

中產階級

中產階級是由從事金融、貿易、工業等商業活動，累積大量財富的富豪、英國國教會的聖職人員、法庭律師、將校以上的軍人、內科醫師、傳統位居高位的專門職，再加上公務員、行政人員以及教師等工作所組成的族群。位居高位的專門職，原本就是貴族家庭次子以下男子所從事的職業，因此若與現實生活中的貴族或地主有近親關係，也可能會被視為上流社會的一員。這一階級如果是以資產超過貴族，擁有龐大收入而自豪的新興富人作為頂端，那底層則可以包含年收入最高不超過二百英鎊的助教。當時最廣為人接受的分法為上層中產階級和下層中產階級（甚至還有中層）。使整個十九世紀蓬勃發展的社會基礎，正是中產階級的擴增。上層中產者買進土地，追求著上流地主那樣的生活型態；即使是位屬下層的人，為了能確保自己的中產身分，亦幾乎全部都會雇用女僕。他們遵循著基督教道德、堅毅的生活態度，身穿端莊的紳士淑女服，舉止高雅，保有種種具美感「體面」的價值觀。

勞動階級

所謂的勞動階級是指從事體力勞動以獲取等價報酬的人。在勞動階級中也有因受惠於環境，收入堪可與中產階級的底線——收入一百英鎊匹敵的技術嫻熟職人，這些人被稱為「勞動貴族」。不過，勞動階級大部分的組成份子都是五十英鎊左右年收的非純熟技術勞動者，女僕正屬於這個群組。因為她們所做的並不是職人級的專業工作，加上又是女性，所以獲取的報酬就更加微薄了。

POST CARD

1894 年，英國允許私人自製明信片貼郵票寄送。從此各種五顏六色的插畫印刷明信片於焉誕生，附有照片或風景的明信片，更一時蔚為風氣。湯姆・布朗（Tom Brown，1872-1910）以家庭生活為題材，創作出極富喜劇性的明信片，在當時大受歡迎。

〈管線工結束工作〉——卻造成了女僕的工作負擔。郵戳為 1907 年。

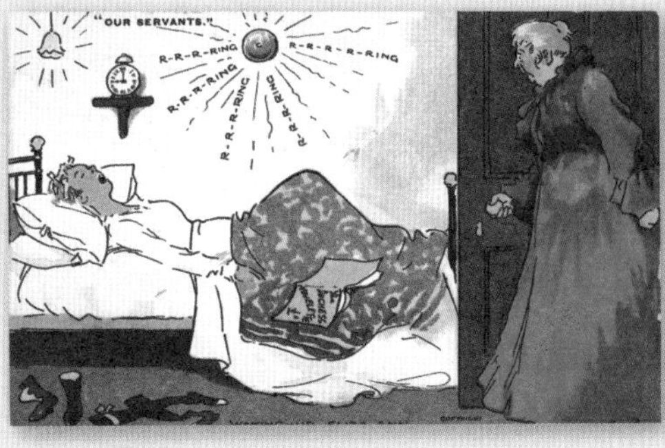

〈叫醒伊麗莎・安（Eliza Ann）〉，熬夜讀半便士羅曼史雜誌的女僕熟睡不醒，任由燈亮著、褲襪散落地上、呼叫鈴聲響著。郵戳為 1907 年。

〈瑪麗・安（Mary Ann），旅館女僕〉，身分低微的女僕被輕視為「奴隸（slavery）」。郵戳為 1905 年。

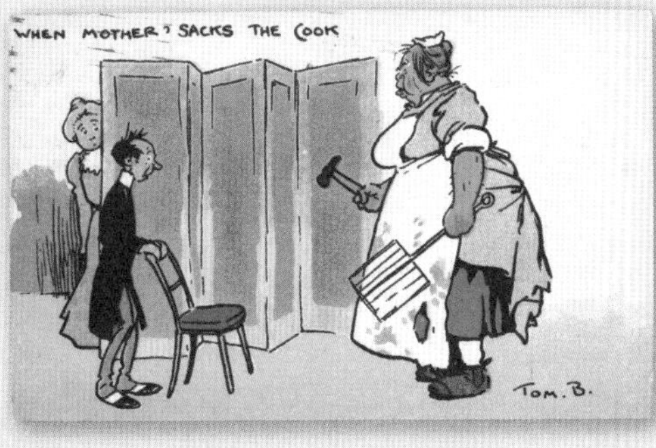

〈女主人解雇廚師的那一刻〉，身體壯碩的女廚師看起來十分恐怖。郵戳為 1905 年。

〈廚房之戀〉，跨欄談情説愛的警察與女僕。1900 年代。

本書的時代背景

本書主要圍繞在英國維多利亞女王時代（一八三七～一九〇一），以及二十世紀初期直至一九三〇年代左右。

維多利亞時代

維多利亞女王的盛世長達六十四年之久，期間社會曾發生巨大變遷。迅速地經歷了工業革命，迎來英國最強盛的繁榮期。直到十九世紀中葉，榮景依然。郵政系統、在街上穿梭奔跑的馬車、大量生產的食物、飲品，都因蒸汽火車而能快速地運送。日落之後各處點亮瓦斯燈，用石炭點燃暖爐。商店裡鋪滿貨品，日常生活變得相當便利。

女王極端厭惡低俗笑話，一生皆以妻子、母親的角色，向國民展示模範家庭的模樣。一八六一年丈夫亞伯特（Albert）去世後，她終其餘生都只穿著喪服過日。「維多利亞」——亦即是「維多利亞王朝風格」，意指這是個注重高尚優雅，體面風潮的時代，有時或被嘲諷為偽善造作的年代。

愛德華時代

寡居多年的維多利亞女王逝世後，一九〇一年由放蕩不羈的兒子愛德華七世繼位。「愛德華時代」的社會氛圍是對既往作出反動，走向明亮、華麗與享樂的年代。電話、汽車漸漸在上層社會普及化，世界的運行速度正在加速前行。

然而，相對於母親漫長的在位，愛德華的王位卻僅有短短的十年便結束了。

第一次世界大戰

一九一〇年到一九三〇年是喬治五世的時代。在追憶喬治五世國王時代風格的同時，一九一四年發生第一次世界大戰留下的深刻傷痕，亦是不容忽視的。人們一直以為「聖誕節之前就會結束」的戰爭，陷入了泥沼僵局，所有具備戰力的男子均上戰場拚搏。整個大英帝國的戰亡人數也因此超過了九十萬人。

自一次世界大戰結束（一九一八年），到二次世界大戰爆發的二十年間，稱為「戰間期」。一九二〇年代又被稱為「爵士年代（Jazz Age）」或是「狂騷的二〇年代（Roaring Twenties）」。女性剪短髮、拋開束身衣，將長裙全換成蓋膝的短裙。電唱機、電影院逐漸普及，ＢＢＣ的廣播節目也開始播放。

從另一個角度來看，對從事勞動的人而言，一九二〇年代是個不景氣的時代。而一九三〇年代席捲而來的世界恐慌，更導致失業率倍增於以往。緊接著，一九三九年爆發了第二次世界大戰，百姓又再次陷入全面戰亂。

1. 維多利亞女王就位 60 周年印刷廣告卡。1897 年。 2. 愛德華七世加冕典禮年印刷廣告卡。1902 年。 3. 胃藥廣告。男孩身穿水兵服，舉起比身體還大的國旗，鼓舞民眾的愛國心。1915 年。

華麗貴族的宅邸

「當我被引領參觀『侯克漢廳』的那一瞬間，腦中浮現了這句話：真是豪華絢爛啊！地板鋪著美麗絨毯，就連闊氣的樓梯也全鋪上絨毯，和我家樓梯正中央只貼著油氈的景象截然不同。桃花心木的桌子、桃花心木的衣架、鑲著金箔框的大鏡子、到處都散發著富有的氣場！」（瑪格麗特．鮑威爾，一九二〇年代）

「『萊斯莊園（Rise Park）』宅邸真的相當大，我剛去工作的第一個星期就在屋子裡迷路了。」（艾蓮．鮑德森，一九三〇年代）

這些女僕們成長於中規中矩的勞工家庭，若不是開始幫傭的生活，也不會有機會接觸富豪的世界。因此不難想像她們會如何驚嘆於那壯麗的外觀和高級的日常用品。

在當時，社會階級的最高成就是擁有位於鄉村的大宅邸（country house）或莊園。王族、世襲貴族——公爵、侯爵、伯爵、子爵、

十八世紀大宅邸「侯克漢廳（Holkham Hall）」。位於東盎格利亞（East Anglia）地方，諾福克（Norfolk）州，現為萊斯特伯爵（Earl of Leicester）擁有。

1 | 2
3 | 4

1. 建於西薩塞克斯（West Sussex）宅邸「佩特沃斯（Petworth House）」的宴會廳「The Curved Room」。牆壁以立體木雕裝飾。繪於 1865 年左右，家族水彩畫。 2. 位於德比郡（Derbyshire）的德文希爾公爵（Duke of Devonshire）宅邸「查茨沃斯（Chatsworth）」的晚餐室。這裡是即位前的年輕維多利亞女王，十三歲時第一次參與成人正式交際晚宴的場所。 3. 曾是赫德福（Hertford）侯爵於倫敦的聯排別墅。現為「華勒斯美術館（The Wallace Collection）」。 4.「侯克漢廳」奢華的客房之一。因牆上掛著鸚鵡畫作，而被稱為「鸚鵡房」。

男爵以及其他傳統的上流階級，世世代代都繼承著龐大的封地收入，過著不需要勞動的安逸生活。他們通常住在稱為「family seat」的本宅之中，同時還擁有幾個別邸。家族會因應季節性活動而移居到不同的宅邸生活。

春天到初夏之際是屬於倫敦的季節。上流人士一方面在議會中露臉，另一方面也積極地從事各類社交活動。而自夏至到秋季這段期間，則移往蘇格蘭等狩獵地區，獵擊鳥類和鹿群等等。聖誕或新年宴會多半會於鄉間莊園舉行，有時亦會造訪外國的度假地，直到春天再返回倫敦。

1 瑪格麗特・鮑威爾（Margaret Powell，一九〇七至一九八四）出生於霍夫（Hove）海邊的小村莊。她夢想當教師，但因經濟因素而未能圓夢。十四歲就到洗衣房工作，隔年成為廚房女僕。工作十年後結婚。日後在廣播談論女僕經驗的話題，開啟了人生的另一契機，出版《樓下》（*Below Stairs*）一書。此後還陸續發表料理書、小說等多本作品，成為人氣作家。

2 艾蓮・鮑德森（Eileen Balderson，一九一六），出生於東北部赫爾（Hull）。十四歲就在「萊斯莊園」擔任雜務女僕，也曾輾轉服務於各地的大宅邸。出版自傳《鄉間宅邸不為人知的生活》（*Backstairs Life in a Country House.*）。

「侯克漢廳」主建物的主廳分為家族用、客用、傭人以及圖書室四個部分。此為「古典風格的圖書室」。

「侯克漢廳」的「大理石廳堂」，為羅馬古代建築帕拉第奧式風格，進入此廳堂者無不讚嘆其華麗。

鄉間宅邸「愛丁格（Erddig）」的空間設計

閣樓

閣樓房間為女僕的寢室。每個房間都有固定名稱。「火之閣的樓房（fire attic）」之名是因 1907 年的火災而得名。

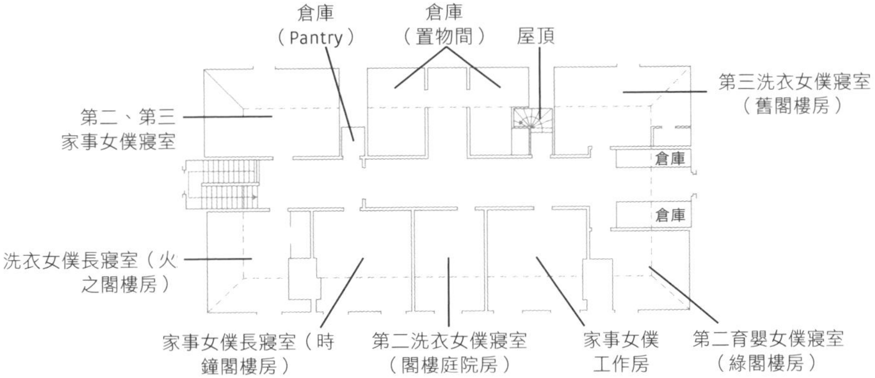

二樓

二樓有家族和客人的寢室以及兒童房。另提供位於兒童寢室隔壁的保姆個人寢室。主人用的浴室有淋浴設備。

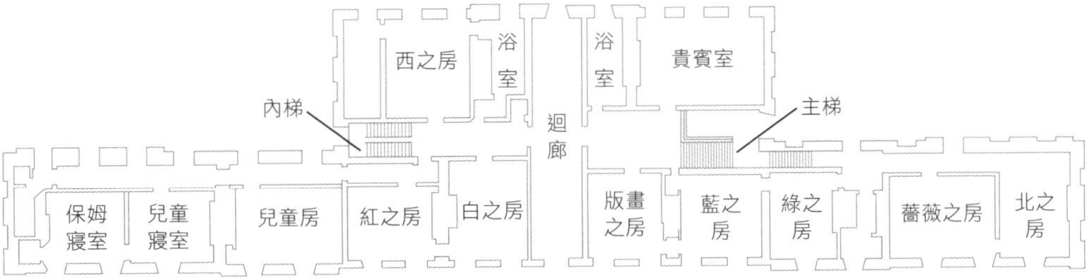

一樓

一樓大多為客人與家族白天活動的空間。「雜物間」堆放損壞和不再用來裝飾的物品。

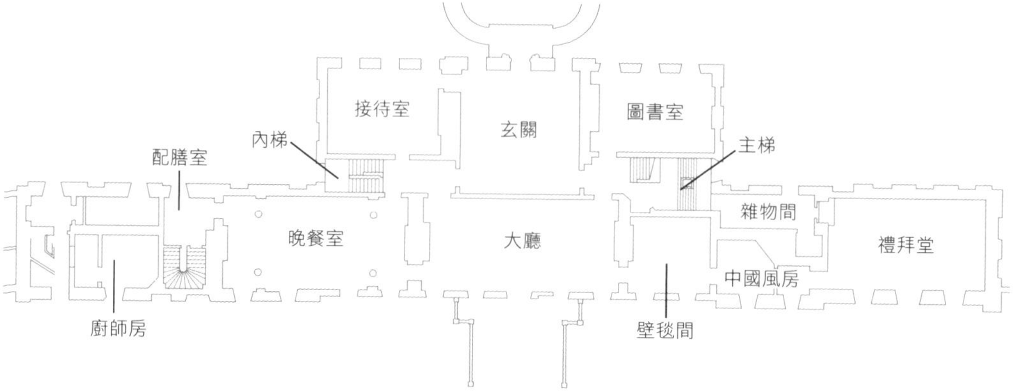

半地下室

半地下室為僕人區。這間宅邸到十九世紀仍設立總管（steward）一職，「經紀人辦公室」就是總管處理宅邸產業等業務的地方。

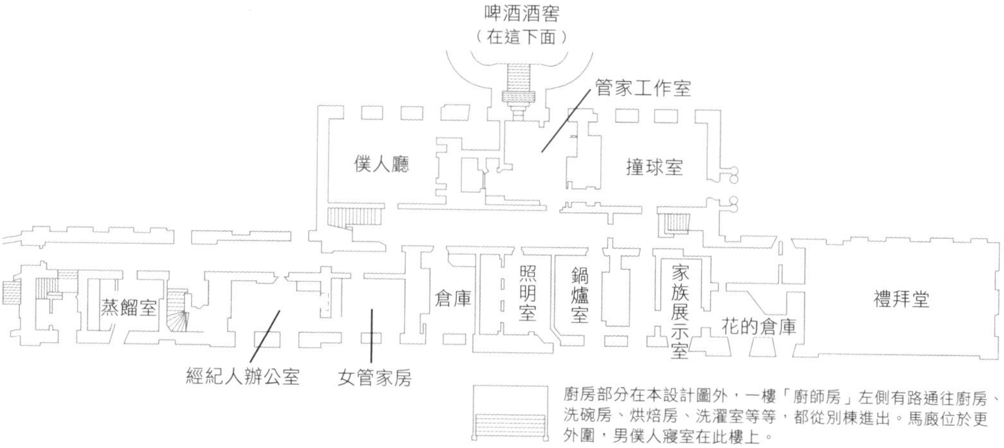

製圖：小野寺美惠

鄉間宅邸的「正廳」與「內室」

作為上流階級華麗生活之舞台的鄉間宅邸，其內部空間可區分為「正廳」與「內室」。晚餐室（dining room）、接待室（drawing room）、宴會廳（ball room）、圖書室、書房、寢室等等，家族與客人使用的部分屬於正廳。大致分配於一樓到二樓間，既具便利性、採光良好，也位居最能欣賞庭院風光的最佳位置。接著便是「內室」，這是傭人活動的範圍。在規模龐大的大家庭裡，正廳會區分出空間給總管或是管家這些地位高的男僕人；而女管家與廚師帶領的女僕們，則大多被安置於「內室」。

正廳與內室的界線是以「綠色不織布門」作為象徵性的區隔。這裡所謂的不織布是指一般鋪設在撞球桌上那種毛氈材質布料，用來隔絕門後方僕人活動所傳出的聲響。一旦打開這扇門，越過這條界線，生活樣貌截然不同。一邊是光彩奪目、讓新手女僕們驚訝到無法用言語來形容的奢華世界；另一邊則是突然變得狹窄的走道，兩側

北威爾斯的地主莊園「愛丁格」。庭園裡的人是當時的主人約克（Yorke）夫妻與長男賽門（Simon）。攝於1908年左右。

「愛丁格」的大廳（saloon）。面對庭園，應該是宴會時用來接待賓客的最大房間。

牆面僅漆上簡單白漆並沒有張貼任何壁紙，地面則是無盡延伸的油氈和石板地。房間裡也只有簡單的桌子和陳舊不合宜的椅子。

前述的瑪格麗特．鮑威爾在接受廚房女僕面試時，碰巧有機會從正廳進入，親眼見識到大廳的莊嚴。不過，家族使用的玄關與僕人們平常的出入口是被嚴格區分開來的。她本人也補充說明，從那次之後就再也沒有機會從正廳玄關進出過。

「僕人活動區域」的構造

鄉間宅邸的女僕多半時間都在「家的內室」工作，需要隨時注意誰在哪裡？正在做什麼？整天不斷來回穿梭著。

僕人的活動區域到底是在家的中央呢？或是在別棟建築，再以服務的通道來做聯繫？是在一樓呢？還是在地下室？這些都是根據一個家庭的規模大小、當時建築物的流行趨勢，甚至也有依主人如何看待僕人的存在而決定的，所以可從建築結構看出主人個性。

如果注重隱私，不喜歡讓女僕們看見主人一家活動的話，就會將工作空間安排在地下室或是內側通道。如果考慮到僕人們平時應該要有獨立工作空間，就會增設面積較大又有用途的小房間。總之，工作職掌的領域分配大致如下：

「愛丁格」的工作人員，攝於 1887 年。前排中央為廚師兼女管家，右邊為管家，左邊留鬍子者是園藝師，前排兩端則是貼身女僕。園藝師和站立在他後方的家事女僕長後來結為連理。從右邊算起有點模糊的第三個女子是最低層級的家事女僕。其他的女性大概是洗衣、酪農和廚房女僕。

位於蘇格蘭的宅邸「麥德森（Manderston）」中，會在僕人往來的走道上架設鈴鐺。與樓上的各個房間和酒窖直接相通，若從任何一個房間呼叫，僕人們都能清楚聽到。

①料理

是大家庭裡的男性法國主廚（chef），或是中等家庭的女性英國廚師（cook）、以及擔任主廚或廚師料理助手的廚房女僕（kitchen maid），和洗碗女僕（scullery maid）的使用空間，包含了廚房、洗碗區域和各種倉庫等等。飲食是生活之必須，家事女僕的工作房也許可以省去，但沒有廚房的家庭是不存在的。一般來說，這裡的空間相當寬闊，天花板可能如兩層樓般高，以確保空氣流通順暢。另一方面，為了遠離氣味與溼氣，這個區域也會盡可能地與餐廳和接待室保持相當距離。既然如此，如何讓料理在熱騰騰的狀態中送達餐桌上，就得看僕人們的腳力速度了。如果餐廳位於廚房正下方，有時會裝設配膳用的電梯或送餐的專用樓梯。

②女管家

女僕的管理者——女管家（housekeeper），帶領負責打掃的家事女僕（house maid）。配有專用起居室，作為處理事務、和各部負責人一起集合用餐的場地。女管家負責管理日用品和食器的倉庫，內附設收納室，此外有些家庭會另外配置「蒸餾室（stillroom）」的小型廚房。這時，女管家在這個工作房裡，除了指導蒸餾室女僕之外，還需準備給家族成員用的點心和飲料，有的家庭還會要求女管家做餅乾。

1 | 2　1.「愛丁格」廚師／女管家——哈麗特．羅傑（Harriet Rogers）。經歷過護理師和貼身女僕的職位，一路向上攀升，長達將近二十年的時間，終為女僕之首。攝於 1911 年。 2. 興建於柴郡（Cheshire）的宅邸「鄧納姆梅西（Dunham Massey）」廚房。1883 年拍攝。僕人活動區域保存得相當良好，重現鄉間宅邸的一部分，目前對外公開展示。

在酪農室（dairy）裡進行手作乳製品的酪農女僕（dairy maid），和在洗衣房裡的洗衣女僕（laundry maid），也都由女管家指揮。依工作性質不同，大多數的作業場所都設置在離主屋外不遠處，且各自獨立存在著。

③家族成員專屬僕役

雇主家族的孩子們，有夜晚入睡的寢室或育嬰室（night nursery），和白天活動的兒童房（day nursery）、學習房（school room）等空間，依孩子的年齡和性別，會分別交由不同專長的員工照顧。分別有負責幼兒時期的護理師和助手育嬰女僕；輔導學習的工作則由育兒兼家庭教師（nursery governess）、女家庭教師（governess）、男指導教師（tutor）等各職分工負責，依情形聘用。

夫人有貼身女僕（lady's maid）、老爺和少爺們也有貼身男僕（valet，或稱隨從）來照料生活起居。學習房裡也有學習房女僕。這些服侍專屬主人的僕人房間，通常都設在主人房間的隔壁或是樓上，方便一被召喚，就能隨侍在側。

④管家

規模大的家族有總管（house steward），一般的家庭則是以管家（butler）作為男僕人們的領導者。原本的工作分配是總管負責財務會計、人事；管家管理酒類。但隨著時代演變，

女管家接收夫人指示之後，傳達給男、女僕人。〈女管家的房間（早晨的指令）〉，腓德烈．威廉．艾威（Frederick William Elwell），1911 年。

由後者兼任前者職務的家庭變多了。管家直接面對主人和賓客，一手掌理晚餐、宴會等事宜。他們享有專用的辦公室、作業室，指揮其下的男僕人，整理保養銀器和酒杯。保存酒和啤酒的酒窖，為了維持一定溫度、溼度，通常設置於地下室的北側，負責的管家可以自由進出。也因此，不難理解為什麼管家和廚師因酒而身敗名裂的話題總是不絕於耳。

⑤戶外相關（庭園、廄舍、狩獵）

園藝師和獵場看守者（gamekeeper）是需具備技術和經驗的職人，因此擁有獨立的地位，在封地內與妻子一同住在木造屋。園藝師的年輕部下們住在共同宿舍，一起工作。當時的環境，不論是家族例行性的狩獵或遠行，馬、馬車都是不可或缺的必備工具，因此廄舍占有極重要的地位。廄舍一樓為容納馬和馬車的作業場所，樓上則是男員工的寢室。

除了廄舍之外，還有前述的酪農室、洗衣

1 | 2

1. 不是家族成員也不是客人，女家庭教師的為難立場，是維多利亞時代風俗畫偏好的主題。〈女家庭教師（Governess）〉，埃米莉・瑪莉・奧斯伯（Emily Mary Osborne），1860年作。2.〈可以容許我提出建議嗎，夫人？〉經驗豐富的女僕引導著年輕夫人的想法。小說插畫。《*The Girl's Own Paper*》1885年12月5月號刊載。

房、啤酒釀造場；有跟主建物相銜接，也有另外興建獨立建築，然後利用地下通道聯繫的情形。在美麗庭園底下，僕人們正抱著石炭、換洗衣物、起司、啤酒來回忙碌穿梭著！

飲食、休憩、睡眠的房間

位居上流社會最高位的公爵家，可能有著超過三百人以上的僕人，居下位的貴族和上層的中產階級家庭則會有十幾個僕人。僕人中雖然以女性占絕大多數，然而在最上層的家庭裡，仍是以領取高薪、外型顯眼的男僕人為主。不過，女主人和接受指令的女管家並不樂見員工發生職場戀愛，因此對於男女工作的領域劃分得相當仔細。僕人廳是彼此的交流場所——也是下級僕人用餐和休息的房間。座位特別將男女分別安排於長桌兩側，盡量避免緊靠著坐在一起。不過，可想而知桌子底下各種的暗號，還是會無視於安排，偷偷地傳送著。

到了夜晚……，男僕寢室設在廄舍或是主屋的地下室，女僕則全部集中在主屋最上面的屋頂閣樓裡。空間結構上，通往各間寢室的樓梯男女有別，進出安排必須經過上司的房前。且常常是多人共宿一間寢室的情況，要私下幽會的確有難度。

卸下繁忙工作後，女僕們精疲力盡地倒臥在床上，一邊想著

1 | 2　1. 獵場看守者負責飼養讓主人射擊的雉雞、驅除野獸和驅趕密獵者。約為二十世紀初拍攝。 2. 俊俏的男僕人。穿著附有黃銅釦的外套，橫紋背心，有點短的燕尾服裝。1890 年代左右。

聽聞客人拜訪，向主人報告對方身分的管家。由管家負責餐點事宜和酒的準備。《*Punch*》1879 年月曆。

家人或戀人一邊嘆氣，有著這樣情景的房間到底是什麼樣的風格呢？當然不可能與大多數宅邸為了迎接女王陛下，而裝飾過的華麗主客房相比。一九一三年，十四歲的溫妮芙瑞德（Winifred）[3]開始擔任育嬰女僕，她回想起那時第一次入住的寢室。

「房間只有一小扇窗。天花板沒有任何塗裝，屋頂樑木都裸露於外。地板沒鋪絨毯，洗手台架上放著洗臉盆和水壺，還有室友蜜莉放外出服的馬口鐵製箱子。我跟她兩人共用一張小床。床單這種東西是日後才知道的，在這之前只是將裝小麥粉的袋子清洗之後縫合起來將就著用。」

二十世紀初，在阿斯特（Astor）子爵的宅邸「克里芙登（Cliveden）」擔任貼身女僕的蘿絲・哈里森（Rosina Harrison）[4]「房間裡有兩把安樂椅和一張沙發，是個相當舒適的地方。不過因為沒有晾晒洗衣物的空間，只好在房內掛上細繩，而出現了「內衣好像隨時都會被看到」這樣的話語。

1887年10月於北安普敦郡（Northamptonshire）的宅邸「伊斯頓・內斯頓（Easton Neston）」舉行獵狐活動。從左邊算起第二位騎馬者是當時的皇太子愛德華七世。

3 溫妮芙瑞德・葛雷斯（Winifred Grace）是威爾特郡（Wiltshire）酪農家之女。一八九九年生。十四歲成為私家的女僕，十年後結婚離職。摘自希維亞・馬洛（Sylvia Marlow）整理集結的自傳《*Winifred: a Wiltshire Working Girl.*》（一九九一年），書中對於當時的生活有鉅細靡遺的描述。

4 蘿絲・哈里森（Rosina Harrison），一八九九年生於約克郡（Yorkshire）。一九一八年成為貴族千金的貼身女僕，一九二九年起為阿斯特子爵南西（Nancy）夫人的個人專屬女僕。一九六四年夫人去世後退休。自傳《*Rose: My Life in Service.*》（一九七五），還有和同事對話集結而成的《*Gentlemen's Gentlemen*》（一九七六）。

1
2
3 4

1. 在僕人廳與來訪的女僕愉快的用茶時光。查爾斯・杭特（Charles Hunt），十九世紀之繪畫。 2. 女家庭教師的寢室。因為是在閣樓，所以天花板呈傾斜狀。左邊是移動式澡盆（hip bath）和洗臉台。無法與家族成員的房間相比。艾莉絲・史奎爾（Alice Squire），水彩畫。 3.「佩特沃斯」宅邸上級僕人的晚餐室。下級僕人的用餐在別處。鋪著地毯，牆上掛著畫，看起來相當舒適。1925 年拍攝。 4. 位於柴郡的宅邸「萊姆莊園（Lyme Park）」的僕人客廳。鋪著桌巾的長桌，擺上簡易的食器和餐具。1900-1910 年拍攝。

「樓上」和「樓下」的人

到目前，我們看到的鄉間宅邸都有著十分充裕的居住空間。若以住在城市、小市鎮，只能雇用一位或兩位僕人的下層中產階級來看，環境就顯得相對窘迫了。

在倫敦中心狹小土地上興建的市鎮，和鄉間宅邸相較，因為占地的寬度與深度受限，只好縱向往上延伸。從一樓到二樓有餐廳、客廳、書房、接待室等等，是家人和招待客人的房間，再往上的樓層是寢室和兒童房，接下來屋頂閣樓則是女僕的寢室。

這種建築的廚房多安排在半地下室、後院，或不顯眼的僻靜地。面對街道的地下室可以從窗戶看見來往行人的腳步。維多利亞時代著名的思想家湯瑪斯．卡萊爾（Thomas Carlyle）家中情形為雇用一個女僕，沒有提供私人房間，因此她只能在半地下室的廚房裡擺上一張床，睡覺休息。

在都會區的住宅裡，有洗碗室、食品保管庫和酒窖，如果空間夠，還會有僕人客廳、管家工作室、

從半地下室仰看街道外的街頭音樂人。左為廚師，右為接待女僕。刊登於《*Punch*》1869 年 4 月 24 日。

倫敦閑靜的切爾西（Chelsea）住宅街——湯瑪斯．卡萊爾的家。與左右兩側的房子緊鄰，是十九世紀初典型的市鎮房屋。玄關左側面向柵欄，可以稍微看到廚房的窗戶。

洗衣房等等，這些大致都會被安排在地下樓層。也就是說，市鎮中心的女僕活動範圍原則上都在地下。鄉間宅邸區分為「正廳」和「內室」；都市的家庭則是「樓上」和「樓下」。換個方式說，樓上的人（upstairs）可以通稱為雇主，僕人則是樓下的人（below stairs/downstairs）。

再把話題轉回卡萊爾家的地下廚房。十九世紀中葉左右，湯瑪斯・卡萊爾夫人——珍和歷任的女僕，曾展開對抗家具、窗簾、床鋪長年積累的蟲害大作戰。木製床鋪和塞滿物品的椅子正好是臭蟲的食物。即使換上鐵製的床鋪，過沒多久臭蟲還是會再度出現。在還沒發現臭蟲蹤影出現之際，趕快拆解床鋪，倒入水，再放到庭院中晒太陽。窗簾則送給專門的業者處理。廚房的地板更灌入二十瓶的水，讓躲藏的蟲溺死。正因為擔心睡房的溼氣和不舒服感漸增，苦無解脫之日的女僕只能拚了命地打掃。

以現代眼光來想像當時的處境，看到這令人心驚膽顫又煞風景的臭蟲出現景象，確實令人可憫。但以當時的水準來看，這樣的環境未必是惡劣的。女

"Familiar Figures of London"
Copyright.
No. 1. — The Postman.
We hope you reached home safely
& had not too bad a time on the sea
We miss you & your Mother very much
but will hope to meet again Someday J.J.W.

1 | 2

1. 從郵差手中收信的接待女僕。題上〈倫敦的熟人〉系列之一的照片明信片。郵戳為 1902 年。 2. 夫人：「帕克，不是跟你說一共二十四個。這是全部嗎？」帕克（不知所措）：「夫人，不管怎麼算都還是少一個啊！」上流社會移居不同宅邸的隨身攜帶之物數量眾多，使管理大量衣物的貼身女僕困擾不已。刊登於諷刺漫畫誌《*Punch*》1871 年 9 月 30 日。

僕離開的老家可能是六個人擠在一張床共眠；而倫敦的貧窮區，仍舊維持數個家庭共用一個房間的超密集狀態。

女僕的工時長、自由少，薪水也僅有一般人的一半。直到十九世紀末，才有了工時短、可自由利用時間的獨立雇用形式。但是若考慮到要自己付房租和伙食費的話，若能在有提供食宿的地方工作當然更好。對迫不得已必須出來謀生的大多數少女而言，女僕一職是踏入職場的第一選擇，這點將於下一章敘述。

穿著午後洋裝的夫人和小孩們坐著共享午茶時間，兩位女僕在一旁侍候。
攝於柴郡諾斯維奇（Northwich）明信片。1910 年左右。

英國女僕的入浴與如廁

從地下搬運熱水入浴

以前，洗澡被認為是件非常奢侈的事。一八四〇年代左右，有錢人開始在家裡裝設熱水管線；一八七〇年代，中產階級的家中也開始出現相同的設備。

不過，還是有人認為那樣的東西並非生活必需品。如果家中有僕人，那麼必要時，讓他們從地下室廚房或是洗衣房，搬運鍋爐煮沸的熱水上來就可以了。

隨著時代演進，打開水龍頭就有熱水流出的給水設備逐漸普及，但是被接受的程度卻依家庭而異。浴室通常位於二樓以上。女僕們為了樓上的衛浴設備，搬著裝滿沉重熱水的大「噴壺（Hot water can）」是件相當辛苦的重勞力工作。初期，有些家庭的主人因偏好淋浴，這時就非得手動將熱水和冷水混合倒入給水設備，而這樣的麻煩事當然是交由女僕們來做。

即使已經有了提供熱水的浴室，但大多數的主人仍舊覺得，讓僕人共用這套設備是不合常理的。那麼要如何因應這種不允許僕人使用浴室的情況呢？只好把浴缸搬到主人寢室的暖爐前，雖說是「浴缸」，其實也不過是個及腰的小型「澡

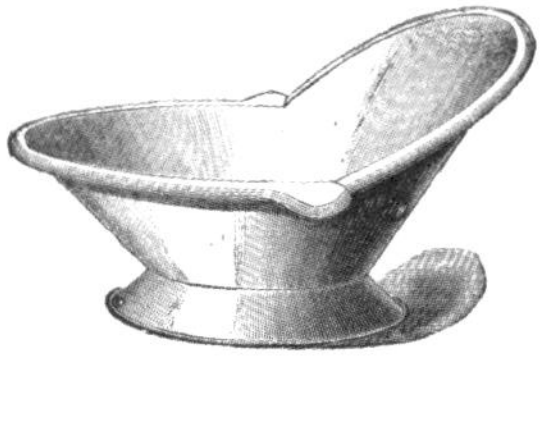

1｜2

1.「不分日夜，隨時都能立即有熱水」，準備夫人洗澡用水的女僕。瞬間加熱的熱水器之雜誌廣告。1917 年。
2. 哈洛德（Harrods）百貨商店的目錄裡「澡盆」的樣式。內側為琺瑯，外層為橡木的高級品。41 英吋。21 先令 5 便士。

暖爐旁給嬰兒洗澡的育兒兼家庭教師。《*The Girl's Own Paper*》1885 年 10 月 3 日刊載。

盆」，熱水則由地下室提進寢室。有時她們也會在洗衣房裡煮好熱水搬過來。使用溫水洗澡的次數，則依雇主的規定。直到二十世紀初期為止，通常是一週一次。

一九一三年，芬妮・烏爾特（Fanny Urgert）[5]收到某介紹接待女僕的職業登記所回信，記得信裡寫著「這家庭有提供冷熱水設備和廁所」。這時候正值第一次世界大戰的前一年，當時大概是想用具備冷熱水裝置的水龍頭和沖洗式廁所設施，來吸引有能力的僕人。結果當她進入工作職場，才知道家裡僅有一間浴室，且女僕不能使用。這也是這家牧師家庭的廚師常常待不久就馬上離職的原因，主要就是對洗澡一事感到不滿。

「來了一個月，還沒洗過一次澡」

這當中也有殘酷的雇主，一九〇〇年代莉莉安・威斯特（Lilian Westall）工作的家庭，飲食和衛生狀況就相當惡劣。

「來了一個月，還沒洗過一次澡。實際情況是，她根本沒有時間去梳理已經長及腰部的頭髮。終於等到可以回老家的時候，媽媽一刀剪去了大部分的頭髮。」

莉莉安是個極端的例子，那時雖然一週只能洗一次澡，但還是建議要每天擦拭身體。一八六九年針對中產家庭出版的《卡基爾家事指引》（*Cassell*）指南書中建議，臉和腋下、腳、「胯下及其周圍部分」，每天要用肥皂洗一次。同年發行的《僕人雜誌》也指導著「每天洗腳。腋下也同樣每日要清洗乾淨，以除去令人不快的惡臭味。『潔淨是尊敬神明的途徑』。」

由於十九世紀技術的進步，下水道系統的整備和便器的改良，連帶也使沖洗式廁所普及化。主人在屋內使用沖洗式廁所，但有些家庭仍常見僕人使用設置於屋外、用砂土和石灰掩蓋的舊式廁所。有時半夜，因為主人和僕人不想起身去廁所，就會在寢室放個「便盆（Chamber bot）」以供使用。早晨，則由地位較低的女僕來負責清理便盆中的汙穢物。綜觀生活上點點滴滴，僕人與主人之間的生活條件多半還是天差地遠的。

5 芬妮・烏爾特（?至一九八六）二十三歲時到英國肯特郡（Kent）牧師家庭擔任接待女僕，服務到一九二二年結婚後才離職，出版女僕時代生活點滴的回憶錄《*Memories of a Village Rectory*》（一九八三年）。

手動式加熱水的淋浴。左邊男孩拿的就是「噴壺」。《*Punch*》1850 年月曆。

〈離家〉

對於將初次前往的職場，令人心疼的珍妮
心裡應該有所躊躇期盼吧！
是受盡委屈，還是遇到好人家呢？
周圍盡是不熟悉的臉，不認識的人

「已經是個大人了喔」
可以自力更生了啊
想著這些被稱讚的話
心中卻隱隱藏著不安

要把學過的東西全部記下來
要把薪水全部寄給媽媽
感謝上帝——請讓可憐的珍妮也能夢見
如彩虹般那樣地閃耀著的未來

〈離家〉一詩之插畫。《*The Girl's Own Paper*》1885 年 10 月 10 日刊載。

那麼，拿出勇氣
以燦爛的笑容說聲再見
已經十五歲了
在這離別的時候我不哭泣

駛離的列車——啊，等等呀
我想家了，想回家去
農場漸漸消逝於後
令人懷念的景色充塞於心

身為女僕也有顆心
也與大家一樣會淚眼婆娑
在那張小床空間裡
她將在那度過無數寂靜的夜晚和白天

啊，「夫人」呀
當可憐的珍妮抵達您家時
請溫柔地善待她
不論她是否做出任何愚蠢的錯誤或奇怪的要求

您有著得天獨厚的地位
把辛苦的工作交給女僕
來到天使之旁，尊貴的您的手
把兩人帶往更高的境界

（《The Girl's Own Paper》一八八五年）

JENNY'S FIRST PLACE.

CHAPTER I.

《JENNY'S FIRST PLACE》扉頁插畫。父親扛著舊行李箱，送遠行的主人翁。1880 年代。

這首詩刊登於維多利亞時代，一本中產階級家庭和部分勞動階級之間廣為閱讀的少女雜誌裡。臉上仍帶著稚氣，成長於鄉間的少女忍住淚水和家人告別，抱著馬口鐵箱子，孤伶伶地搭上列車前往遙遠的職場。對於那般際遇寄予同情的人，從未有過；倘若有，可能也只是上帝和天使吧。這是一首多愁善感、著重道德主義，生動描寫維多利亞時代情景的詩作。雖說有美化之嫌，但還是蘊含了當時女僕們處境的現實心境。

詩中「可憐的珍妮」在十五歲時離開雙親。不過，在十九世紀中葉以前，勞動階級的孩子們多半在更年幼時就開始工作了。一八四一年，什羅浦郡（Shropshire）的漢娜・庫爾威克[6]離開慈善學校到附近的家庭當女僕時，年僅八歲。一八五三年出生的伊莉莎白・辛普森（Elizabeth Simpson）十歲就到約克郡哈羅蓋特（Harrogate）的大家庭當廚房女僕，四點天還未亮就得起床到酪農室擦地板。一八五三年於威爾斯出生的萊格里夫人（Wrigley），九歲時為牧師家庭女僕，接著又受雇於醫生之家，每當工作未盡主人之意，就會遭受鞭打，想寫信向外求助卻因不識字而作罷。

所有小孩都是邊上學邊打工，在附近住所或自家事業裡幫忙，畢業後立刻從事全職工作。因著初等教育制度的普及，完成學校教育的年齡也隨之延展，少女們能開始工作的時間於是往後推遲。十九世紀即將結束至迎向二十世紀之際，少女們最早的就業年齡約在十三至十四歲左右。

女僕們最初的就業場所被稱呼為「二流職場（petty place）」，通常都是到能從家裡通勤往返的附近商家或農家，當然也有少數到遠方工作者。無論如何，她們都是缺乏工作經驗的初次就業者，從工作中學習基礎的作業能力，所以薪水相當少。但至少在這一年的工作裡，累積了存款、經驗以及拿到介紹狀（人物證明書）。存款可以用來購買必要的衣服，以便自立於正式的就業市場。

二十世紀初期，瑪格莉特・湯瑪斯（Margaret Thomas）從自家通勤，從事兼職保母、磨刀和擦鞋等工作來存錢購買制服，十五歲展開「正式的工作」。在啟程旅途中她不得不把少女時代垂下的長髮綁起來，感覺她曾為此做了一番抵抗和掙扎。

「一點都不想變成十五歲。我很喜歡用黑色蕾絲帶將頭髮紮成馬尾狀，但到底要怎麼把它整理成型，我實在不知道，卻又非做不可，用梳子把全部頭髮盤起，在頭上形成一個『丸子』。你看，『女大人』的模樣就出來了，真是令人不爽快。」

開始工作的契機

「自力更生」、「把薪水寄給媽媽」是每個少女成為女僕的最大目的。勞動階級的家庭小孩多，平時都是咬牙辛苦度日。父親工作不穩定，家庭所有成員多少都得為家計做出點貢獻，因此到了可以工作的年紀時，理所當然地馬上就會被要求謀職。如果是男孩子，希望將來能開業，就會選擇成為職人或商人的學徒。若是女孩子，當然只能選擇家事傭人一途。職場若進一步提供食宿，還能為家裡減輕家計負擔。

即使景氣不佳，女僕的就業市場仍然獨樹一幟。二十世紀初期，新施行的失業保險制度將家事傭人列為排除對象，這

6 漢娜．庫爾威克（Hannah Cullwick，一八三三～一九〇九）從八歲起開始擔任女僕，服務過大宅邸、旅館、市鎮等地方。一八五四年與亞瑟．蒙比（Arthur Munby）紳士相遇，一八七三年祕密結婚。可從利滋．史丹利（Liz Stanley）編輯之《*The Diaries of Hannah Cullwick*》讀到其日記摘要。

留下家鄉的家人，啟程成為女僕。徵人廣告寫著「徵求出身鄉村的少女」。或許認為這樣的少女可以更順從主人吧！

是因為在女僕不敷所求的時代裡失業，此狀況是不被允許的。既然討厭貧困匱乏，那就不要「挑肥揀瘦」了，去當女僕也可以，不是嗎？

女僕一職，特別是在都市，被認為比女性從事其他工作的位階還低一等。這種卑微的觀念似乎隨著時代的前進，更為加劇。相對在鄉村地區，女僕依舊是長久且固定的工作。根據英國中部地方的萊斯特博物館（Leicestershire）的口述紀錄集《帽子與圍裙》（*Cap and Apron*）中提到的「只有女僕能做」之類的陳述，這恐怕是擔憂「新型態職業」會偏離傳統價值觀吧。

「從沒在工廠工作過。也不曾有過那樣的念頭。沒做過女僕以外的工作。」（一九一〇年代）

「年輕女孩的工作別無他選，或許可以在商店當店員，但就是不喜歡。」（一九二〇年代）

「母親覺得，工廠是個可怕的地方……，仍希望保有單純的自尊那樣的東西啊。畢竟工廠的女子說話用語都很低俗，有點沒格調的感覺。」《工廠絕對不行。一點都不像樣。》（一九二二年）

1 | 2 | 3

1.1900 年代初期將拍攝照片直接印刷在明信片上出售的「逼真寫實明信片（photoreal postcard）」。大概是年輕女僕們把自己穿制服的照片，以此形式做成明信片寄給家人。 2. 曾當過女僕的露絲．道格拉斯（Ruth Douglas）夫人 13 歲左右的照片。1913 年。 3. 在倫敦工作。年僅 13 歲，兼照顧幼兒的雜役女僕。1911 年。

工廠、商店、辦公室等新型態工作，是以金錢來訂立的近代契約關係，它區別了工作和自由行動的時段。而女僕雖然也是建立在以金錢交易為主的雇用關係上，但自古以來就是一種主從關係明確，且身心都受到束縛的工作。這在維持舊秩序的鄉間仍保有相當人氣，卻讓習慣自由的都會女子嫌惡，因而浮現了上述的社會圖像。

出生自虔敬浸禮會派家庭的禾奧萊．萊德勒[7]，一九三〇年代開始展開女僕工作，之後到威斯頓．邱吉爾首相官邸服務。她曾夢想到中國傳教，卻終身未能實現。

「我想做什麼都可以。現在年輕人可能會覺得奇怪，那個時候決定我們未來方向的是父母親和老師。（中略）父親決定我去當女僕，我也沒想過要反抗。」

與禾奧萊不同，投身去追求自己夢想和目標的人也所在多有。蘿絲．哈里森想要到處旅行，因此當了貼身女僕。抱著與他人有所差異的志向，把目標和職業視為一致，或許是個幸福又稀有的例子。

COOK (good) WANTED, for small family where housemaid and parlourmaid are kept. Personal character required. Apply this day, between 2 and 4 o'clock, at 47, Great Cumberland-place, Marble Arch.

GOOD COOK WANTED, in a gentleman's small family—a thoroughly trustworthy, middle-aged person, clean, active, willing, with unexceptionable references—at St. Leonard's. Write Prævisa, May's Advertising offices, 162, Piccadilly.

COOK (thorough good PLAIN) WANTED. Personal character. No kitchenmaid. Man-servant. Apply, before 1 o'clock, to-day and to-morrow, at 5, Gloucester-crescent, Hyde-park.

GOOD PLAIN COOK WANTED, by a quiet family of four, where four servants are kept; no kitchenmaid. Personal character required. Address Miss Straton, 4, Foxgrove-road, Beckenham, Kent.

GOOD PLAIN COOK WANTED, immediately, in a private family in the West-end. Must be neat and cleanly, and understand soups, fish, entrées, joints, game, pastry, &c. A kitchenmaid is kept. Apply, by letter only, stating age, length of character, wages, &c., to A. B., 101, Cheapside, E.C.

A Good PLAIN COOK WANTED, for the 12th. Wages £20-£22. No beer. No fringe. Personal character. Age 25-30. Apply, mornings between 12 and 1 o'clock, afternoon half-past 4 to 7 o'clock, 1, Cedars-road, Clapham-common.

A Thorough good PLAIN COOK WANTED, at once, in a small family. Assistance given. Wages £20 to £23, all found but beer. Good personal character indispensable. Apply this day (Tuesday), between 4 and 9 p.m., and to-morrow (Wednesday), before 12 or after 4 p.m., at 53, Gloucester-place, Portman-square (close to Baker-street Station).

A Thorough good, experienced COOK WANTED. Small family. Suburbs London. Kitchenmaid half the day. Write, stating wages, to J.H., care of Messrs. Charles Barker and Sons, 8, Birchin-lane, London.

THREE good SERVANTS WANTED:—Good Plain Cook, about 30, wages £26; a good Housemaid, about 27, wages £20. No fringe allowed. Also a thorough good In-door Man-Servant, between 30 and 40, wages about £42. Good personal characters indispensable. All single-handed. Apply for address, this day and to-morrow, at Mr. Millar's Library, New-street, Dorset-square.

AS PARLOURMAID (thorough) where footman or page is kept. Age 26. Good personal references. Also girl, age 16, as Under Servant.—E. B., 47, Hindman's-road, East Dulwich, S.E.

THOROUGH PARLOURMAID WANTED, age about 26. Good character of some length indispensable. Wages £23, all found. Apply Thursday and Friday, before 3 o'clock, to Mrs. L., Chestnuts, Maple-road, Surbiton.

A Good PARLOURMAID WANTED, about 27, in a small, quiet family, where four servants are kept. She must understand her duties. Apply, by letter first, stating age, wages, how long in last situation, &c., to Mrs. Roberts, 3, Private-road, Champion-hill, S.E.

PARLOURMAID WANTED, in a small family. Personal character indispensable. Good wages, and all found. Apply, this day, 20, Gledhow-gardens, South Kensington.

PARLOURMAID (experienced) REQUIRED. Tall, good waitress. Personal reference. Apply, to-day and to-morrow, before 1, at 9, Pembridge-square, W.

PARLOURMAID (thorough) WANTED, for small family where cook and housemaid are kept. Personal character required. Apply this day (Tuesday), between 10 and 12.30 o'clock, at No. 47, Great Cumberland-place, Marble Arch.

PARLOURMAID (good) WANTED, in a family of three. Charge of dining room and drawing rooms. No stoves. Personal character required of not less than 12 months. Age under 30. Wages from £22, all found but beer. Apply, by letter, Lodgemore, Alleyn-park, West Dulwich, S.E.

PARLOURMAID WANTED. Age 25 to 30. Healthy and presentable, thoroughly efficient in her duties. First-rate plate-cleaning indispensable. Man-servant kept. Two rooms entirely in her charge. Wages £25, all found. Good reference from last place requisite. Apply between 10 and 12, to-day and to-morrow, or from 6 to 7, at 40, Courtfield-gardens, South Kensington.

HOUSE-PARLOURMAID WANTED, immediately. Good wages. Apply 20, Bassett-road, Ladbroke-grove-road, North Kensington.

EXPERIENCED HOUSE-PARLOURMAID REQUIRED, in November, for quiet place near London, where housemaid is kept. Two in family. Must be an early riser, punctual, quick, good waitress, and used to care of silver. Good personal character indispensable. Wages £18. Address R., care of Metcalfe, Grocers'-hall, Poultry, E.C.

UPPER HOUSEMAID WANTED, immediately, in a private family in the West-end. Must be a good and careful servant, and thoroughly understand her duties. Apply, by letter only, stating age, length of character, wages, &c., to A. B., 101, Cheapside, E.C.

A Thorough HOUSEMAID WANTED. A second kept. Must be a good needlewoman. Address Lady, Noirmont-manor, St. Aubyn, Jersey.

《*Times*》報紙 1889 年 10 月 8 日的徵人廣告欄。詳細登錄有關雇請不同僕人、有無啤酒費、副收入、希望年齡等等條件。接待女僕要求「身材高挑」、「擦拭銀器技能」；家事女僕則需具「能早起」、「懂針線活」的技能。

7 禾奧萊．萊德勒（Violet Liddle，一九二二），出生於劍橋（Cambridge）。十四歲當打雜女僕，曾服務於劇作家蕭伯納（George Bernard Shaw）家以及邱吉爾（Winston Churchill）首相官邸。也擔任以鄉間宅邸為舞台背景的電影《謎霧莊園》（*Gosford Park*）的顧問。自傳《*Serving the Good and the Great*》於二〇〇四年出版。

就職的方法

找工作的其中一個方法就是透過口耳互相傳遞消息。如果有已經開始工作的姊妹或是熟識的友人，就可以期待她們的推薦介紹。有時候雜貨店或小商店也是蒐集求職、求人消息的地方。瑪麗・安・亞須福特（Mary Ann Ashford）在倫敦某家商店的主人介紹下，準備去應徵廚師一職，正要上門拜訪之際，聽到路過販賣起司的店家告訴她，「**那個家，三個月內就換掉了四個廚師喔**」，於是立刻改變主意。這就是大大活用口耳相傳的典型例子。

家長則透過人情找門路，特別是依賴當地的牧師家庭。一九二〇年代，東英格蘭某村落牧師家庭的徵人告示上如此刊登：「雜務女僕身兼家事女僕和廚房女僕」，這是小學畢業少女唯一的奢望。牧師女兒管理著即將畢業求職者的名單，當一有空缺時，「艾爾西小姐可能會叫誰」這樣的揣測，就會在村裡奔相走告。

一八八〇年代在牛津郡度過少女時代的芙蘿拉・湯普森[8]，在其自傳《*Lark Rise*》隨筆中也敘述了牧師女兒照顧她找工作的事情。附近宅邸如果有洗碗女僕、育嬰女僕的徵人，牧師女兒就會幫忙介紹；如果剛好不缺人，

在 Mrs. Hunt 僕人職業登記所依序等待的女僕。先與登記所員工面試，在名單上登記希望的職種、簽名，接著再和雇主面試。之後繳交前一個工作的人物證明書，獲得雇用後就必須支付手續費。1903 年左右。

她也會幫忙刊登，將消息彙整在希望者的報紙廣告上。

報紙上雖有不少刊登求人、求職的廣告欄，但在有限的篇幅訊息裡，往往暗藏著陷阱。一九二二年，南威爾斯炭礦鎮，一個十七歲少女看到一則報紙就業廣告「徵求，家事勞動女子。幸福的家庭」的訊息……，「結果那裡居然是間酒吧！在那個南威爾斯酒吧裡，女人蹤影連一次都沒出現過，我嚇得發抖。過了一晚，我趕緊穿起外套，原路返回」。

這名少女逃出來後，在朋友的協助帶領下到僕人職業登記所，總算找到私人住家的家事女僕工作。「Mashie」、「Hunt」、「Mayfair Agency」這些不同種類的職業登記所從以前就存在，十九世紀中葉以後，具有經驗的僕人常會利用這些處所，來另謀轉業的出路。此外，還有舉辦「雇用市集（Hiring fair或Mop fair）」的集會活動。實際上，會利用這類集會找工作的也有以務農為業，與定期市集簽訂年度契約從事酪農的酪農女僕。十九世紀初期，找工作的廚師、家事女僕會攜帶發揮其職業專長的杓子、掃帚，在此與雇主見面。不過，由於當時集會活動上過度飲酒作樂的行為，使其最終被批評為過於恣情，是醞釀不道德行為的溫床之地，早已失去十九世紀勞動市場的機能。但是直至二十世紀，約克郡等地方仍延續保存著此活動。

8 芙蘿拉・湯普森（Flora Thompson，一八七六至一九四七）出生於牛津郡的喬尼柏（Oxfordshire Juniper Hill）。一九三九年出版了改寫少女時代鄉村生活的專有名詞之回憶錄《*Lark Rise*》系列共三部。

栽培女僕的學校

當「雇用市集」衰退時，在都市的家政學校和家庭僕人培訓學校卻正在增加中。主要以小學畢業的女孩為招攬對象，理念上是栽培將來能獨當一面的家庭主婦，實際上卻是傳授成為女僕的家事實用技能。

不論是基於公共資金的資助，或是依貴族夫人個人不同風格的營運作為後援，畢業生都會由大規模設備又完善的正規學校，轉介到各個小家庭工作，這些學校也各有其不同培訓方式，舉例來說，一八九〇年於北安普敦郡設立的家政學校，會挑選小學畢業後的十四歲學生入住，接受為期八個月的集中訓練。上課時間從早上六點三十分開始，學習料理、洗濯、整床等等。在這裡，無須負擔住宿費，成員至多三十人；有些學校則必須繳交昂貴學費。運氣好的話，還可以領取獎學金，這對貧窮家庭出身的少女而言，相當有助於舒緩財務壓力。

孤兒院和救濟院也有職業訓練的機能，但似乎不夠實用，從那出去就業的女孩相對辛苦，薪水也比一般行情還低。有一說法，認為是因為她們營養不足、身體矮小，無法勝任重視外表的接待女僕這類職務。希爾妲・史傳奇（Hilda Strange）回想起第一次世界大戰前，她十三歲時，被孤兒院院長叫出見客的情景。她與

喬治・艾多夫斯・斯多瑞（George Adolphus Storey）〈孤兒們〉，1879 年。穿著特定孤兒院制服的孩子正在長桌上讀書。右邊兩位少女似乎是親人剛去世，正服喪中。不論哪位都將到別人的家中工作。

進入閣樓房間的新人女僕，馬上接受女主人指導。可以看見簡單的行李、帽子箱和洗臉組合。勞森・伍德（Lawson Wood）畫，《素描週報》（*The Sketch*），1907 年刊載。

朋友並排成一列，來訪的淑女們盯著她們一個一個看。當地商人的妻子在挑選時，「就這個孩子。看起來健壯」這句話，希爾妲還記得相當清楚。

不論透過何種方法，最後都要接受女主人或女管家的面試，還是小孩的她們常常都有母親或是朋友陪伴。就連日後出版自傳，從文章裡亦可以看出好勝心強的瑪格麗特・鮑威爾在第一次面試時，也是一句話都沒說，全由媽媽代為回答。

初次工作的「可憐的珍妮」們之內心應該是因人而異，各有不同。但不論身在哪種處境，都要挽起頭髮，戴上帽子，一個月、三個月…忍耐著不習慣的工作，最後終於賺進自己的錢。把錢寄給家人、或為自己買些小東西時，內心肯定是充滿驕傲的。一九三〇年代開始工作的愛蓮・湯普森（Irene Thompson）這麼說道：

「離家，（進入訓練所）真正了解到自己的人生是掌握在自己手裡。雖然開始工作會有很多的限制。（中略）只要能忍耐。就能感受到真正自立的心情。」

沒錯，那就是真正邁入大人的人生。

1 | 2　1. 薩里州（Surrey）國立孤兒院外觀。學習擦地、洗濯、燙衣服。《畫報》（*The Graphic*），1874 年 7 月 11 日刊載。2. 被倫敦東區慈善家帶回的流浪街頭少女，已經成為有能力的女僕重新展開人生。《畫報》（*The Graphic*），1875 年 1 月 16 日刊載。

女子與學校教育

依階級而分的教育

女僕工作的家庭裡應該有小姐吧。若是年齡相同，體型身材可能也會相似。但因為所屬階級之差，兩人的少女時光也大相逕庭。中、上流家庭的千金和勞動階級的女孩，受教育的課程同樣有著明顯的區分。

從十九世紀到二十世紀這段期間，家境好的家庭會為女兒聘請駐家的女家庭教師。學習讀書識字、算術、各類知識、法語、音樂、舞蹈等等不實用卻重要的「淑女教養」，而不注重古文經典與理科之類的學問。臨近初次登上社交圈的年紀時，也有家庭會把女兒送到遠地的新娘學校。

義務教育制度的發展

十九世紀中葉，勞動者的女兒可以去假日學校或當地私人學校學習，或者依家庭經濟狀況到慈善學校就讀。課程內容有初級的讀書識字、算術、編織、裁縫等。就父母親的認知，學校不過是教導簡單的

1 | 2

1. 在小學設置的石炭爐灶前，學做西式點心的少女們。
2. 倫敦南部西蘭貝斯（Lambeth）地區公立小學的料理課。《*Cassell's Family Magazine*》1891 年刊載。

實用知識，類似托兒所程度的機構而已。況且每日還得往來於打工賺取學費的地方，在兩者難以兼顧的情況下，早期的女僕最後大多不得不放棄學業。若以現代的標準來思考的話，就是在質與量上不夠周密完整，教認字卻不教書寫，沒有一套有系統的學習知識，到頭來還是一無所獲。

一八七〇年教育法頒定，將勞動階級的初等教育轉由國家主導。一八八〇年，強制就學年齡為五至十歲，不讓小孩上學的父母親將科以罰金。上學無需學費，一八九三年更將就學年齡延長到十一歲、一八九九年延長到十二歲；一九一八年延長到十四歲，屬義務教育階段。在新體制的公立小學，女孩子會被教導料理和洗濯等實際技能。

廣受中產家庭喜愛的《*Cassell's Family Magazine*》雜誌，一八九四年號中，有這樣一則專欄——〈近來的女僕〉。因為是不記名訪談，所以談話內容之真實性無從查證，不過，從內容中可以看出，主要是抱怨雇用到各式各樣無法勝任工作的女僕之經驗談。

〈不堪使用之近來的女僕〉的經典壓軸。手持掃帚，灰塵反而四處堆積，「不過我擅長彈鋼琴喔！」，露出一臉得意樣的雅梅莉亞。

喜歡乾淨，一絲不苟，但身體虛弱的蘇珊。

最後壓軸登場的雅梅莉亞得意地說：「我雖然沒有學會掃帚使用的方式，但是擅長彈奏樂器，還會算術到小數點那位數喔。和我一起去上學的那個鄰居小女僕，還完全不會算術計算呢！」文章最後勸說：不要雇用被寵壞的年輕孩子，而是選擇那些嚐過人生酸甜苦澀的中年女性來做事，以這警示作為結尾。女僕人選最好是公立小學義務教育開始之前的那個世代，因為雇主說不定也不懂小數點，所以對女僕的教育程度根本不在乎。「我不怪，也不反對公立初等教育」……，話雖這麼說，但雇主的言談卻透露出女僕壓根就不需要多餘知識的想法。當時即使在帝國主義的最盛時期，仍存在體罰的情況，所以課程要改善的空間還不少！不過卻很少有「不良少女」起身反抗這些強制規定。儘管接受中等教育以上之路是日後的事，但小學教育依然對女孩的成長影響深遠。前女僕們回首自己人生時，可以口述、可以寫自傳，自在地表現過往十九世紀進入二十世紀的生活點滴。如果無法閱讀、書寫，那麼她們的生活將大部分都成為謎團了。

1
2
3

1. 在公立小學學習的她們，出身勞動階級，非紳士之家。2. 倫敦巴特錫（Battersea）某家政專門學校中，學習打掃的學生們。《*The Girl's Own Paper*》1899 年 8 月 19 日刊載。 3. 上裁縫課中。學校也教導料理、洗濯、燙衣服等實用技能。

「上緊發條」的工作表

一九二〇年代，某戶的家事女僕拉維妮亞（Lavinia Swain）被交付了一張寫得滿滿的工作行程表，在看過這些密密麻麻的內容後，不禁讓人懷疑她們要如何在一天之內完成這些工作啊！但日後突然有感，這可算得上是一種變相的軍事訓練，**「讓一個極其平凡的人，像時鐘那樣規律流暢地擺動，宛如上了油的機械，不是嗎？」**習慣了工作節奏，牢記時間分配，按表操課，這個深化於體內的「精密時鐘表」，即使經過了五十年歲月，也不會從她們心中消失。

像這樣將工作預定表交給僕人，是各家廣泛行之的習慣。若比較工作內容，當中還是存在著微妙的差異，相同名稱的職種，在不同家庭可能有各種不同的工作職掌。像拉維妮亞這樣的家事女僕主要是負責打掃、暖爐和照明的管理工作。因此她們的時間分配表只會寫上這些基本事項（即

邊看一星期工作預定表，邊喘口氣。《*Cassell's Family Magazine*》1893 年刊載。

用蜜蠟和松節油混合的抛光劑，將地板擦得如鏡面一般亮。

和夫人一起改變家中布置，把不入眼的油畫從接待室搬到閣樓。

使這樣也很驚人！），卻沒有記載休閒時間，也未載明支援其他部門的工作內容，例如支援針線活的工作。其他家庭甚至會要求餐桌服務、玄關接待、替小姐綁頭髮、幫忙洗濯等雜務工作。

家事女僕的時間分配表（1920 年代）

6:30am	起床，打掃晚餐室暖爐，然後生火。 清理地毯，掃除灰塵。 打掃圖書室暖爐，然後生火。去除灰塵。 打掃撞球間暖爐，然後生火。 掃除灰塵。 擦樓梯。 打掃接待室暖爐，然後生火。擦地板。 打掃休息室暖爐，掃除灰塵。 打掃綠樓梯，掃除灰塵。
8:00am	在僕人廳用早餐。
9:00am	打掃寢室。幫忙整理床鋪，清空房間汙水，更換洗手間和飲用水。 打掃暖爐，生火。 補充各個房間備用的木炭和薪材。 打掃寢室，除去灰塵。 清掃浴室。 更換下午制服。
13:00pm	在僕人廳用餐。 下午擦拭銀器、銅器、裝水容器。整理煤油燈。
16:00pm	僕人廳午茶時間。
17:00pm	點亮寢室燈火。
18:00 pm	分送熱水到寢室。
19:30pm	整理床單，點著暖爐火，清空汙水。 補充木炭和薪材。 在家事女僕工作室準備隔日早餐用的托盤。 （注：猜想結束之後應該會吃點簡單的晚餐）

兼任掃除、料理、侍候工作的一般女僕。獨自拿著沉重餐具到廚房。

工作量會因每家所處地域和季節而有所變動。在都會城鎮中心，春夏是社交旺季，會有許多宴會。如果是利於狩獵的鄉間宅邸，秋冬兩季則是獵獲的戰場。對家事女僕而言，不論在哪種家庭，「春季大掃除」都是件大事。當主人暫離居住地，不在家的二週到一個月這段時間，就必須將家中徹底清掃一番。

牆壁、天花板重新塗漆，清洗卸下的窗簾，拋光打亮拆卸的家具，結束以上這些繁重的工作之後，除了休假外並沒有額外的獎金可拿。

員工的組成和女主人的想法，會大大改變女僕必須做的工作。百年前如果要在英國成為一位女僕，那麼心裡應該要有此認知，日常家務事是第一次就業的主要工作！

1
2 3

1. 重勞力的擦窗工作。窗外側因為危險，有時會外包給男性來做。《*The Girl's Own Paper*》1887年7月1日刊載。 2. 早上第一件工作是打掃暖爐。掃除灰爐，鐵框的部分則用黑鉛塗拭。 3. 遭受簡陋旅店無情主人虐待的幫傭女僕想像圖。《*The Girl's Own Paper*》1886年7月20日刊載。

承攬全部工作的一般女僕

「因為有人在招募一般女僕（General），我就詢問這樣的工作包括哪些內容，於是得到了就是『全部』這樣的回答。」（愛蓮·湯普森 Irene Thompson）

「Maid of all work」、「General Servant」、「General Maid」，又或者只單純稱為「一般女僕」（General）的她們，通常存在於「只會雇用一個，最多也只有兩個女僕左右的小家庭」，因此必須包辦全部的家事勞動工作。雇用這類女僕的職場並不限於「紳士之家」，商店、職人的家庭、學校或是小旅店都有可能，若不幸受雇於此，就只能忍受無窮止盡的一人全包生活了。

出生於一八三三年的漢娜·庫爾威克，從一八五四年到一八七三年之間，寫下了大量的日記，是當時少見以勞動階級女性身分來書寫罕見記錄文學的女僕。但她從未想過要發表，寫作只是為了抒發她與身分階級不相稱的亞瑟·蒙比紳士祕密交往那段日子，每天所做的工作內容。原本只是因為想親近他而做的工作，卻發現了自己從事骯髒又重勞力工作的存在價值，於是她不再想著往上升職，僅是繼續當個承擔所有工作的一般女僕。日記詳記了維多利亞時代一個平凡女僕的每日生活，這或許正是漢娜人生的不凡之處。

1 | 2

1. 餐桌服務指南記事。和緩地推入椅子，避免損壞到豐滿淑女的裙子。《*The Girl's Own Paper*》1887年4月30日刊載。 2. 掀開盤子的蓋子，並小心翻轉。

附上日期的日記本文中，重複的工作內容占了大多數篇幅，但也有意圖閃避他人眼光而寫給戀人的信件，尤其是在缺乏隱私的職場，根本沒有多餘的時間慢慢地醞釀思考來寫作！除了在反覆例行性工作的空檔中偷空和「大主人」（massa）交往、雇主和同事爭執之類的流水帳之外，日記偶爾也會加入一些特殊的事件。例如一八六〇年七月十八日，在她二十七歲生日那天記下了這樣的內容：

「點燃廚房的火。打掃暖爐。打掃房間、清除灰塵。擦亮靴子。到樓上拿早餐。整理床鋪、清理汙水。早餐飯後收拾和洗碗盤。磨刀子。準備午餐，鋪桌巾。收拾餐具，烤完麵包之後，短暫地看看外頭陽光——雖然只是短暫時光，卻非常珍貴啊，這樣的事應該和大家一起分享的。和『大主人』見面的時候，清洗架上髒汙的毛巾（註：蒙比希望如此，漢娜也故意以骯髒模樣見他），送午餐給男主人。清潔自己身體，然後喝個茶。傳話。收拾餐具。因為同事安和弟弟一起去看步兵，我就代替她帶孩子到庭院玩耍。陪伴孩子就寢後，再清理汙水。到樓上送晚餐。收拾好餐具，十一點上床睡覺。」

六點或六點半起床，就寢時間是十點到十一點左右。每天超過十六個小時的長時間勞動，再加上宴會、季節性的移居或是幫忙同事等等這些非屬常態性的工作，勞動時間可能更久。返鄉探親

1｜2

1. 將托盤上的水杯添滿水，提供飲料時從右後方，食物餐盤的則從左後方。 2. 為每個人添加魚料理的醬汁。從主人右邊的女性開始，按順時鐘方向服務。

時，則可以「七點過後起床」；聖誕節當天還可以「八點起床」，日記特別記錄了能賴床晚起的日子。結束聖誕夜當晚的工作，上床睡覺時都已經是凌晨四點了。

不論什麼工作都是辛苦的，若沒有選擇良好職場的門路及專業技能，就無法有好的開始。據一八七一年的英國國情調查，在國內就業女僕當中，約有三分之二是「一般女僕」。一八八一年，萊斯特郡（Leicestershire）的梅德伯恩（Medbourne）村莊裡，有家庭幫傭的十一間家庭都僅雇用一個傭人。在傭人中占最大多數的女僕，又以承攬所有工作的一般女僕占過半數。

1. 正在擦正門階梯的「一般」女僕——漢娜．庫爾威克。照片拍攝於 1863 年或 1864 年。2. 在哈特福郡（Hertfordshire）酒館工作的「一般」女僕照。攝於 1862 年。 3. 因為助手不在，從打掃到雜務都得自己做的廚師。《*Punch*》1858 年 5 月 29 日刊載。

洗碗女僕的手

一九二〇年代初期，當瑪格麗特．鮑威爾不情願地以家庭幫傭展開人生時，曾當過女僕的媽媽告訴她：

「你討厭針線活的工作，對吧？那就只能去廚房囉！如果是接待女僕，就要修補全部的桌巾和餐巾；家事女僕則是修補床單；育嬰女僕的話，就要修改孩子的衣服，甚至有可能從頭開始縫製。不過，廚房女僕就不需要做針線活了。」

「那我就去當廚房女僕吧。」

結果，經由母親說明之後，超級討厭針線活的瑪格麗特．鮑威爾以新人女僕開始的第一個職業場所就是廚房。另外還有比廚房女僕位階更低的洗碗女僕。正如其名，要整天待在洗碗室，使用白砂、碳酸鈉（蘇打）或是肥皂，日復一日地清洗所有鍋具和料理器具。此外，還要管理家中供應熱水的鍋爐火候，是個非常單調勝過繁重的工作。和瑪格麗特同時期的洗碗女僕宓麗．米爾凱特（Milly Millgate）回想起有關於洗東西致使手變粗糙的痛苦。

「當時的廚房使用銅鍋。用醋和鹽清洗。一整天浸泡在溶入蘇打水裡的手，當然是僵硬、龜裂，不斷地抽痛著。即使如此，還是得要用鹽和醋來磨光銅鍋，唯有這樣，鍋子才會閃亮發光。」

洗鍋具、餐盤的洗碗女僕。熱水裡加入肥皂和醋洗滌，再用清水沖洗。可以看到上面設有讓餐盤乾燥的櫥櫃。

惢麗哭泣著訴說工作辛苦的此時是一九二五年四月，正值出生於蘇格蘭（Scotland）十九歲的珍・蘭尼（Jean Rennie）被介紹去當洗碗女僕的時刻，她的心情非常沮喪低落。

「我十分了解洗碗女僕的處境。是人類世界裡最下層的存在——是所有僕人裡的小角色，是僕人的傭人。而且永遠都是個替死鬼」。

即使後來到其他宅邸和工廠，在工作上已累積多年經驗的珍，其精神上的壓力仍未消滅。的確，洗

重現位於艾塞克斯郡（Essex）的宅邸，「奧德莉（Audley End）」莊園 1880 年代的洗碗室。鉛製的深洗水槽上方有個櫥櫃。

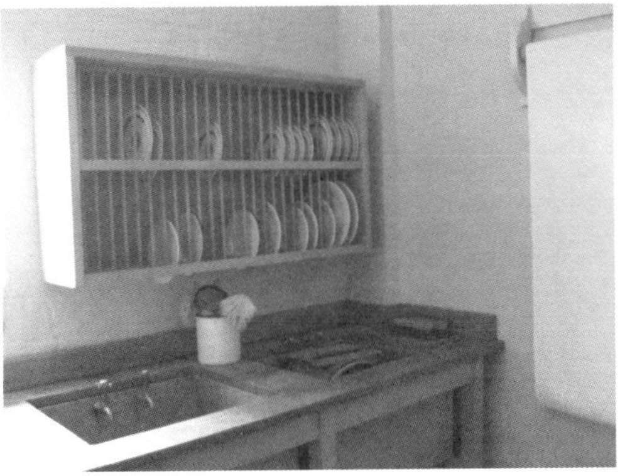

在大流理台前工作的廚師和廚房女僕，背後為並排的銅鍋和果凍模具。裡面是洗碗室。

碗女僕若是在鄉間宅邸的話，地位更卑微、薪資也少，而且都交給最年輕的人來做。通常這個工作都是交由小學畢業，有一年「二流職場」的工作經驗，或是毫無工作經驗的少女來做。而不是想從事行政職的珍的優先選項。

廚房裡的喜怒哀樂

來到大家庭，不論是在設施或是生活習慣上，都會產生巨大變化。在這些女僕的老家，日常飲食是吐司、燕麥粥以及味道淡的紅茶，偶而能吃到一些加入肉和油脂的熱布丁餅就可稱上是奢侈的享受了。對那些從未見過、聽聞過的食材正一個個排放於眼前時。宓麗有過這樣的體驗：

「我在這之前從未看過雉雞之類的……，當廚房女僕吩咐將雞拿來打扮（dress）一下時，邊走我心裡邊想：（欸！是要讓牠穿上什麼呢？）……我完全無法理解！於是將派皮摺了邊，用兩卷包住了雞頭，一卷各包住一支雞爪。（這樣可以了吧？）接著再把雞肚也包

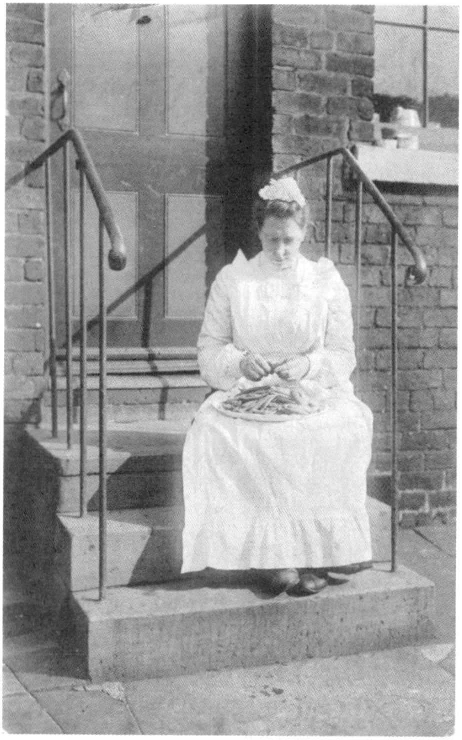

1｜2

1. 準備蔬菜的廚房女僕。每次都要處理可供家族和員工食用的龐大份量。明信片，郵戳 1907 年。 2. 獵肉的貯藏室。把雉雞、兔子等肉品掛起來熟成。

法國廚師在砧板前篩選刀子，開放式烤爐正用直火燒烤兩塊肉。
史丹佛郡（Staffordshire）基爾廳（Keele Hall）。1900 年左右。

覆起來。然後在廚房裡說了句：『雞打扮好了』。所有人看到我用派皮來裝飾雞後，全都露出了震驚的臉！廚師只好讓我看看打扮是怎樣做（在這裡指的是拔毛、開膛、去除內臟等料理前的準備）——看完後我噁心地衝到洗手台邊，那真是太臭了！」

總之無法忍受眼前工作的女僕，後來都離開了。一九三一年起開始在鄉間宅邸工作的艾蓮・鮑德森，從姐姐希爾妲那聽到洗碗女僕的事情。那孩子留下一張字條，也沒帶走自己的私人物品，就徹夜逃走了。她倒是帶了一張處理過後保存下來的兔皮。可以理解她一定是想：個人物品可於日後再寄回來，但是帶走毛皮換成現金的行為總是不對的，艾蓮自己之後也遇到廚房女僕在酪農室拿走奶油之後，就再也沒回來的事。她們大概事前就把自己的外套和行李藏起來，然後悄悄地帶走離開。

艾蓮自己的工作又是如何呢？早上她是家事女僕，過午之後則是廚房女僕，以「雜務女僕」（between maid）一職從頭開始做起。工作雖然堆積如山，但一開始有姊姊一起入行工作，很幸運地能互相幫忙，總體來說工作算是愉快。即使每天要削三十八公斤的馬鈴薯，還是會邊做事邊唱喜歡的歌來消磨日子。

在廚房工作也不全然都是辛苦的，偶而也會有開心的事。樓上主人一家的飲食餐點，當然都是從廚房送出的。有一部分的上流階級家庭，會以請來具備頂尖手藝的法國廚師自豪。據珍．蘭尼的敘述，廚房員工會從鍋底所殘存的殘渣中來「親嚐」一流料理的食物風味。洗碗女僕或廚房女僕通常負責轉動冰淇淋製造機的把手，雖是辛苦差事，但在一定分量分配完成之後，剩下使用昂貴新鮮水果製作的冰淇淋，就是她們殷殷期盼的美味佳餚了。

瑪格麗特．鮑威爾當廚房女僕時遇到的第一個廚師，如果有多出來的料理成品，總會分給飢腸轆轆的女僕們吃。只是如果要分給所有人的話量會不足。因此當家事女僕們在僕人廳吃著廚房女僕做的簡單料理時，在廚房工作的她們正享用和貴族一樣奢侈的晚餐。不過，也因過於忙碌，大家只能站著匆忙地結束高級料理的品嚐時光。

身為裝飾品的女僕

一九〇七年，十四歲的莉莉安．威斯特於小學畢業後，先到倫敦國王十字車站（King's Cross）的某家洗衣店工作了九個月，之後受雇於郊外的家庭當保母兼家事女僕。看來這個雇主的家境應該不寬裕。

「主人好像是一般事務員，『雇用一個保母女僕』似乎是件大事。我拿到了帽子、有領子袖口的襯衫和圍裙。之後女主人帶我和小孩一起去照相館拍照。照片是現今任何人家中都會擺放的那種小孩成長照片，以表示我的小孩『小的時候也有保姆喔』！」

事實上，她們的主人也不過就是雇了個「十四、五歲的家事女僕」來協助照顧小孩，而不是像貴族家庭那樣，由一個忠誠又經驗豐富的「嬤嬤」來照顧孩子。當然，這都是莉莉安的猜測。

保母或是育嬰女僕的工作之一，就是推著嬰兒車到外面散步。因此若提到與此同時的百年前倫敦最常見的女僕身影，不外乎就是清晨跪在門口，清洗擦拭階梯的模樣。一九三〇年代在倫敦當雜役女僕的桃樂絲・海柔（Doris Hazel），還記得那些冰冷的早晨裡，在一陣陣寒風吹襲下，跪在玄關前用「拋光石漂白階梯」的日子。即使如此，她的制服上仍不允許添加羽毛外衣保暖。如果這麼做，就會被拿來和附近一帶工作的傭人做比較，而面臨「遭致羞辱」的處境。

這些中產階級的雇主也如一般世人，總希望能恰巧讓左右鄰居看見女僕們從正門階梯迎進「紳士淑女賓客」的身影，凸顯自己有能力雇用女僕的這件事。「接待女僕」這職稱更是具有那樣的傾向。所謂的接待工作，都是在「會客廳」進行的。貴族大宅邸中，這工作通常是由管家和男僕人這些男性幫傭負責，但也有少部分小家庭是由女僕來承擔。餐桌服務和玄關接待，都是樓上主人招待賓客之際最為在意的工作。所以他們偏愛雇用高挑、面容姣好的孩子，也就是說，極其重視裝飾這樣的功能。

多數的小家庭會雇用兼任打掃和服務的家事／接待女僕，在樓上、樓下穿梭來去。但如果是不具「接待」職務的家事女僕，則又另當別論了。維多利亞時代的畫家伍德夫人回想在堂親克魯卿

哈洛德（Harrods）1895 年刊登於目錄的嬰兒車。最高級品。4 英鎊 2 先令。

推嬰兒車散步的育嬰女僕。總是不斷被警察搭訕，有時還會遇到路過的夫人盤問。《*Punch*》1858 年 5 月 29 日。

三世（Lord Crewe）宅邸裡的體驗。小教堂裡集合了大批女僕，作完禮拜之後，馬上溜進角落「奇妙地消失不見」。

某個早上她因為有事，看見走廊一閃而過的女僕便想上前追去，結果還是一下不見人影。跟女管家詢問此事，才知道那個家裡立下了這樣的嚴厲規矩「任何一個僕人，都不准讓客人看到身影。若打破規矩，立即解雇。」

看不見身影的「家中精靈」

姑且不論適不適用，不少家庭都有訂立類似的規矩。一九〇一年針對家庭幫傭者出版的手冊，上面就寫著：「如果你是家事女僕，不只要安靜地做事，還要盡可能地也不讓人看到你的身影。」

前述的漢娜．庫爾威克曾於國內各地服務過不同雇主。她一直認為這些工作經驗之中，馬蓋特（Margate）的海邊度假勝地和奈特小姐的旅館是最好的職場。一八六四年和一八六七年，她曾兩次在那工作，可惜因為旅館經濟不寬裕而無法長久待著。女主人十分照顧漢娜。從不嫌棄漢娜因打掃寢室而弄得全身髒兮兮的模樣，更親切

清理工作室餐具，端水給夫人。《*Cassell's Family Magazine*》1888 年刊載。

主人（小聲）「這是最上等的紅葡萄酒嗎？」瑪麗亞（耳語）「是主人您所持有中最好的喔！」負責餐酒服務的接待女僕。《*Punch*》1895 年 2 月 2 日刊載。

地與她交談，還用自己洗臉盆的水讓漢娜清洗髒手。一八六八年之後她有三年半的時間在亨德森家庭工作，漢娜被禁止出現在樓上。當人手不足，必須遞送茶具時，就會按照掌管全家事務的小姐吩咐地那樣，把整個托盤「放在門外，而且注意不要讓人看到妳的樣子」。

日後往料理方面精進的珍・蘭尼，十七歲開始幫傭工作時，是宅邸的第三家事女僕。在主人一家沒有傳喚的時候，就必須到寢室為他們準備好晚餐時的裝束，且得於更衣通知的鑼聲響起之前迅速出來。在主人們進入寢室更換衣服這段期間，她則要回到接待室和撞球室整理報紙和雜誌，讓靠枕回歸飽滿狀態，打掃暖爐、點火。接著在開始用晚餐時，到寢室整理床鋪。她說：

「我們的存在大概是不能被看見的，現在想想，那種感覺彷彿是家裡的精靈！」

雇主並不是不想在賓客前炫耀家中穿上整齊清爽制服的女僕，卻又矛盾地害怕被人瞧見女僕那一身卑微骯髒

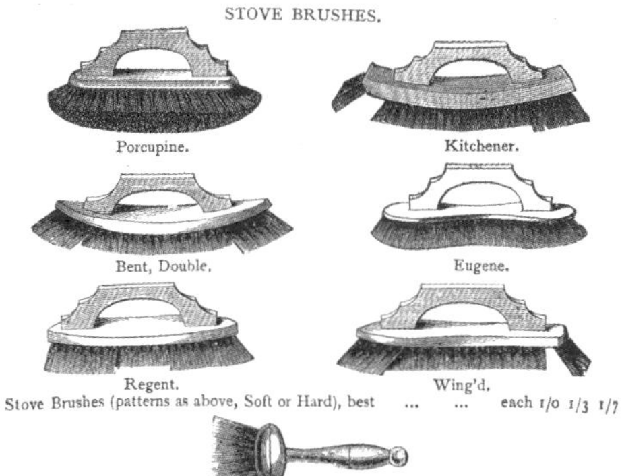

1. 刷圓形爐灶的刷子。依用途不同而有不同的形狀和材質。1 先令～1 先令 7 便士不等。 2. 招呼家人不在時來訪客人的接待女僕。《*Punch*》1895 年 3 月 23 日刊載。

的勞動模樣，因此希望她們消失在視線之內。每個家庭的工作內容、時間分配雖大同小異，卻會因夫人和女僕之間的關係、家庭規模和人員組成、隸屬階級和地位，以及人的個性不同而有所差異，這些將見於下一章。

1 2
3
4 5
6 7

1. 清掃暖爐時，分離過濾灰燼、殘留煤渣，再度使用的器具。 2. 家事女僕可以拿著走動，裝各種刷子、抹布、拋光劑的手提籃子。刊登於 1895 年哈洛德（Harrods）百貨的目錄商品。 3. 冰淇淋製造機。把材料放入中間容器，外圍加入鹽和冰塊後轉動手把，使其冷卻冷凍。 4. 刀具清洗器。擦上磨光劑，設定好，轉動手把，刀具即可光亮潔淨。 5. 把洗完的床單等織品放進去攪動，即可將皺褶攤平的熨平機。維多利亞時代的洗濯室大都有此機器。 6. 搬運熱水用的噴壺。有 1 升到 3 升的容量尺寸。 7. 通知晚餐時間，以及提醒整裝事務的鑼。

神決定了秩序

「僕人們，請真心地遵從主人之意。不只是對善良寬厚的主人，對不具慈悲的主人也請如此。即使遭遇不當的苦難，如果能忍耐明白神所賜給的苦難，那麼將如你心所願」。（共譯《新約聖經》〈彼得書信〉二章18節）

維多利亞時代的接待廳，早晨或是傍晚都會安排「家庭祈禱」時間。主人會挑選一節聖經來研讀，同時也會要求僕人中斷家務工作來參加。有些家庭一直延續這個習慣到二十世紀。一九〇九年，牧師之家的雜役女僕查溥小姐作證說，每天都有例行的家庭祈禱，星期日也會被要求到教會，甚至也有牧師女兒會傳授「聖經教室」之類的課程。在肯德林罕（Ketteringham）別邸裡，祈禱結束後，還有在其他人面前訓誡僕人惡行惡狀的慣例。

早餐前的「家庭祈禱」。在晚餐室讀誦聖經的主人，坐在牆邊的女僕正聆聽著。腓德烈．威廉．艾威〈The Squire〉（1931年）。

主人們特別喜愛引用的話，大意多半是：「你看到的這世間不公平是由神所制定的秩序。」藉此來強化自己的權威，並得以要求下人必須服從。「像遵從基督那樣地服從現世的主人」，說眼前的自己就是「現世的主人」。聽到這說法的僕人們到底是怎樣的心情呢？既然有接受這說法而珍惜雇主贈予聖經的人，應該也會有心生反抗的女僕吧！

這樣「有意義的話」，會寫在厚紙板並貼在她們寢室的牆壁，不斷提醒她們。不只是在祈禱時間聽讀，也必須晨昏定省。除了聖經之外，夫人們也會蒐集各種名言或是諺語在僕人活動區域張貼。許多鄉間宅邸的廚房牆壁上，都有很多寫著「珍惜資源，謹防浪費（Waste Not，Want Not）」，「清潔是僅次於敬神之美德（Cleanliness is next to Godliness）」等內容的標語。這樣的規定，在家中無所不在。

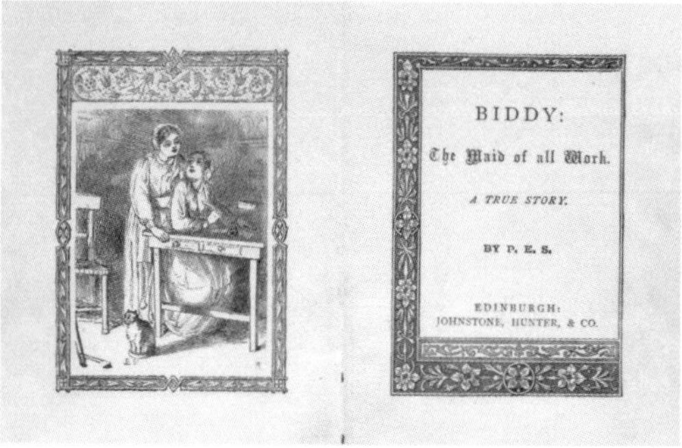

不會寫字的比蒂（Biddy）拜託同事潔西卡代筆寫信給家人。表情雖有點恐怖，但可以看出真誠的友情。

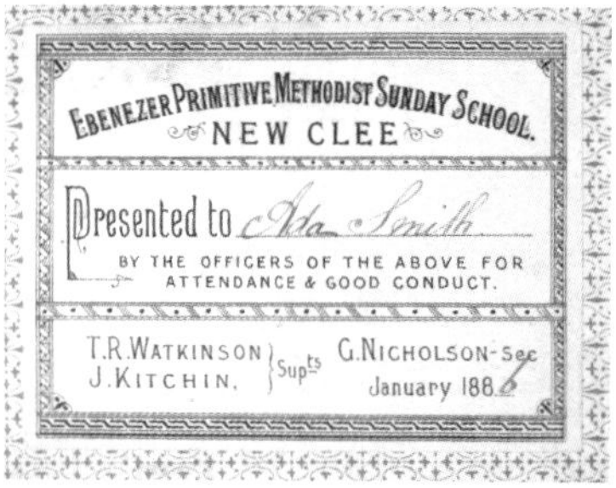

貼在贈書封面內側的標示。林肯郡（Lincolnshire）基督教衛理公會派的假日學校贈給艾迪・史密斯（Eidu Smith）。1886 年。

《比蒂：一般女僕》（Biddy，maid-of-all-work）小冊子，愛丁堡（Edinburgh）的出版社出版。1868 年初版。

第一次坐在母親膝上，參加「家庭祈禱」的小姐。被告知不可以吵鬧後，反而指責說「爺爺也在吵啊！」《*Punch*》1881 年 12 月 6 日刊載。

2 雙親相繼去世的艾蓮選擇走女家庭教師之路。插畫顯然是模仿理查德．雷格拉夫（Richard Redgrave）著名的繪畫〈The Governess〉。

1 插頁圖。可能是前女主人去參拜女主人翁之墓。

J. T. Barr《女教師；或是遺失的鉛筆盒》，1875 年。

4 在艾蓮的行李中發現遺失的金色鉛筆盒。女僕蘇菲亞因心生忌妒，陷害艾蓮。

3 將十二歲以下小孩教養得乖巧順從，而深受雇主重用，幸福地過日子。

5 積極熱切地前往當地教會。交付給神並信任祂，相信正義之光將會到來，聖經的話讓她感受到救贖。

6 返回老家，想收幾個學生為業，卻因偷竊疑雲而遭解雇，謠言滿天飛，進而一病不起。

7 讓艾蓮背負冤罪的女僕蘇菲亞受不了良心譴責，來到病榻前懺悔告罪。

8 前來告知恢復名譽的女主人，牧師、嬸嬸正在祈禱，最終艾蓮因肺病被神召回。

獎勵書

因順從而獲得獎勵的宗教教育，在還未去「二流職場」前的少女時代就開始了。勞動階級的孩子會去教會的假日學校，在那會有聖誕禮物或因應各種不同情況的獎品，「獎勵書」是很常用來餽贈的禮物。十九世紀後半葉的印刷本體積小、頁數少、金邊加工，很多還是會附上豐富插圖的可愛讀物。不過內容不外乎是信仰、勤勉、服從、勤苦奉獻、訓誡虛榮，極度充滿宗教寓意。

從十九世紀後半到二十世紀初這段時間，兒童文學世界裡以《愛麗絲夢遊仙境》為首，出現了為數不少超越時代且關於愛的名著。從以往著重教誨的故事中解放，迎向創新飛躍的時代。另一方面，在《愛麗絲夢遊仙境》以前那些背負道德觀的啟示性故事，仍持續大量地出版。然而那些故事直至今日很多早已淡化，甚至完全被遺忘殆盡。

舉例來說，《比蒂：一般女僕》（Biddy，maid-of-all-work）這本書的主人翁是出生於愛爾蘭的女僕布里吉特（Brigitte），簡稱比蒂（Biddy），這個名字起源於愛爾蘭，特別是同國出身的女僕常會有同樣的名字。她一開始也會跟著去教會，但卻一直打瞌睡，直到夫人的紳士弟弟

1 | 2 1. 以信仰神為主軸，教導成為一個正直、忠誠勞動女僕的月刊誌。1838 年到 69 年之間發行的《僕人雜誌》（*The Servants' Magazine*）。
2. 追問女僕星期日去哪裡的夫人。去「戶外服務」……，所謂服務有「禮拜」、「軍人」或是「傭人」之意。《*Punch*》1887 年 3 月 26 日刊載。

送了一本新的漂亮聖經給她，才喚醒她的信仰力量。有天比蒂因無微不至地照顧發燒病倒的小姐，自己也被傳染了，病情嚴重必須送往醫院治療。她在病房裡感化了無神論的醫生，過不久之後，比蒂去世。故事的最後，出現了為比蒂立墓，帶著自己孩子來到墳前，祭拜這位曾拯救自己生命靈魂的恩人的夫人身影。

如文字所述，比蒂讓周圍感受到愛，最後奉獻生命，年紀輕輕就離開人世，確實是個令人感傷的故事。收到小冊子傳遞這般「真誠之話」的少女們，是否真心想效仿比蒂如此偉大情操的生涯呢？但這裡卻隱含著不容忽視的弦外之音，就是接納來自異文化出身的女僕，並教導她們正確信仰之道的這個意圖。這現象在現代很難看到，但在當時的生活文化裡，對出身背景和教派之間的差異卻帶有相當大的意涵。

國籍與教派的限制

十九世紀中葉，記者亨利．梅休（Henry Mayhew）從某愛爾蘭女性那聽到一些切身之談。她十五歲就開始了家庭幫傭生活，經歷過酒醉施暴的主人、善良的夫人，各式各樣的職場，這當中也有因信仰教派的問題而不得不被迫離去的家庭。那位雇主認為她信仰的天主教不合宜、不准她做彌撒，強迫她要和主人全家到衛理公會派去做禮拜。拒絕這命令的下場，就是不支付薪資。當時，若與雇主起衝突，一遭到解雇就拿不到介紹信，因此無法找到下份工作而困頓潦倒的例子為數不少。幸好，親切的同鄉友人推薦她去做包裝草莓的工作，以賣水果來維持生計。之後和丈夫結婚，過著相互扶助的生活。

年輕夫人「我很驚訝去廚房時發現沒有任何人起立致意呢！」珍「夫人，我們也很驚訝，您在我們午餐途中進來呢！」彼此你來我往。《*Punch*》1868 年 4 月 11 日刊載。

當時徵求女僕的報紙廣告裡，會附加「禁止穿著克里諾林裙襯」、「必須附上優良人物證明書」等條件，也清楚標記「愛爾蘭人不得應聘」、「非天主教徒」、「不接受英國國教會以外之信徒」這些與國籍和教派有關的條件限制。主人利用信仰來要求僕人順從。或許就某種層面而言，在自己庇護下的女僕們，多少會關心她們是何信仰這樣的問題。

夫人與女僕的關係

由於女主人將女僕的「身心照顧」視為自己的使命，所以每星期會讓女僕（和家族）一起上教會。前往教會時，也會讓她們穿上不至於華麗但得體的衣服，或者穿上整齊乾淨的制服配戴帽子等等，女主人會在這些事情上諸多關照。此外，嚴守門禁，尤其特別在意與異性之間的不正當交往。當然也會檢查工作效率。交代的任務有否懶惰散漫？有無清理垃圾？帳簿紀錄是否正確……等等，每天都仔細地監督檢查所有該做的項目。

因為是女性，小家庭的女主人與承攬一切家務的女僕之間，日常生活裡一定會有密切的溝通，也會互相分擔一些家事勞務之類的工作。如果是大家庭，隨著受雇人數的增加，就會在下級女僕與夫人之間設置管理職，而產生一定的距離。負責管理女僕的有女管家、廚師，或是兼顧兩者的廚師管家，以及職司各部之職務長等。

早晨，廚師會與女主人見面，確認當天的菜單。而會在哪裡進行這樣的「儀式」，每個家庭依情況而不同。有的會把廚師叫到樓上的接待廳或是客廳，有的會給廚師專用的辦公室，在那裡互相商量

女僕禁止穿著克里諾林裙襯。1850 年代到 60 年代，流行著裙子下擺寬大的設計。圖中女僕穿的是廉價的短身版本。《*Punch*》1863 年 11 月 21 日刊載。

討論。某位公爵家的習慣是將當天的菜單冊放在餐盤上，隨著夫人的早餐一起送出去。中產階級的家庭，女主人若親自下樓到廚房與廚師對話，也不足為奇。不論是哪種情況，廚房女僕都會被排除在外。

廚房女僕是廚師的助手，負責擦亮流理台，在上面擺放料理用器具。初次到職場的瑪格麗特·鮑威爾，當時依自己所想，將刀子、湯匙、叉子、麵粉和鹽、篩子，一個個依序並排。此舉卻引來其他崗位的前輩女僕們哄堂大笑。正確的擺放是按尺寸、形狀，將所有的刀子、湯匙、打泡器、篩子、磨泥器、大小切菜板、香料、粉類及其他種種並列來排。或許你會想，這樣排放的工具不可能全部使用吧，但事實並非如此，每次都必須清洗、擦拭，然後再重排。

珍·蘭尼也被委以同樣的排放器具工作。有些家庭，當早上夫人下樓來商量菜單時，如果看到那些特意排放好的器具已經全部整理完了，可能會再要求重新排一次，不容許省略。這是無用的浪費勞力。然而，當時的廚房按照既定且正確的順序來進行是件重要的事。況且，不論是夫人、廚師或任何人，都從未想過要減輕最下層女僕的勞動。

氣溫 30 度的盛夏之日。夫人交代去買「三便士的冰」。《*Punch*》1885 年 8 月 8 日刊載。

廚師「之前工作的地方，夫人在進入『我的』廚房時，都必須要敲門的。」立場逆轉。《*Punch*》1853 年 4 月 9 日刊載。

瑪格麗特、珍，一樣曾在愛挑剔的廚師之下辛苦地工作。在這樣的工作條件下，如果是脾氣暴躁、缺乏耐受力的人，大概很快就會轉職。十九世紀初，針對中產階級創刊的諷刺漫畫誌《*Punch*》裡，常常出現氣焰囂張的中年料理廚師威脅怯弱年輕太太的主題。當然，因為是漫畫，大多是將現實加以誇大渲染來描述。淑女們從女孩時，就被教養成不需從事「卑賤的勞動」，當然也不懂基礎烹調料理。當那樣的她們開始持家後，即使相信因「神的秩序」而自認為身分高貴，對於為了生存而有一技在身，掌握家族飲食生活的廚師還是會備感威脅吧！也因此彼此的相處關係有時會呈現尊卑逆轉的態勢。

夫人在既定的「儀式」時間之外，幾乎不會踏進廚房，與下層員工的接觸都是透過管理職。例如，下級女僕想要離職，如果有女管家的話，只需告知女管家即可。如果兩者之間沒有女管家，那就必須經由接待女僕跟夫人安排「預約會面」，雖然是住在同一屋簷下，心裡的那道牆卻是高聳不可攀越的。廚房女僕瑪格莉特．湯瑪斯，在約克郡（Yorkshire）大宅邸工作時，到離開前，只跟女主人見過一次面。

1｜2　1. 林肯郡生活博物館展示的廚房道具。夾在刀具清洗器和餐櫥櫃中間的器具是淨水器。 2. 萊姆莊園（Lyme Park）的廚房。從右起分別是主廚、廚房女僕、洗碗女僕、男雜役。各式各樣的料理道具像外科手術那樣並排著。

孩子與女僕的關係

不過，並不是每個女僕都像瑪格麗特・鮑威爾那樣，具有強烈的自我意識，主動選擇到廚房當女僕。也不是每個廚師都那麼地令人感到恐懼。確實也存在著打從心裡敬愛著夫人與主人，如寵溺貓兒般那樣地疼愛小姐與少爺，以服務的家庭為榮的僕人。這類的僕人多數服務於仍保存傳統主僕關係的上流階層家庭裡。

家族的「正廳」與僕人的「內室」存有一條不可輕易跨越的界線。但那條界線對鄉間宅邸的孩子而言，是曖昧模糊的。雖然父母嚴格限制，但孩子還是會偶而跨越界線，踩進「內室」。逗留在廚房或僕人廳，吃著盛宴之後殘留下的食物；被父母斥責時，從女管家那拿到偷偷塞進手裡的小點心；每天和女僕們一起遊玩。雖說這些天之驕子的男孩女孩們，將來並不會從事勞務工作，但有部分家庭的管家也會教他們擦拭銀器的方法，貼身女僕則會邊遊玩邊教她們裁縫、編織以及料理等常識技藝。

一九〇〇年，多塞特郡（Dorset）的金士頓萊西（Kingston Lacy）這座雅緻漂亮宅邸的次女薇瓦拉・班克斯（Viola Bankes）誕生。在她還是小孩時，有次母親出國，當母親跨出門那瞬間，她立即衝進鋪著石地板的廚房與僕人一起歡呼「女主人不在家，自由了」。廚師兼女管家的詹克斯女士教她做酥油糕點。「最喜歡的詹姊姊」從未對時

為了參加茶會，保母幫孩子更換衣服。耳提面命地叮嚀著要做個好孩子。《*Punch*》1871 年月曆。

年輕夫人拜託弟弟「等一下我準備去解雇廚師。聽到我講完後，一定要馬上說你有事找我喔！」《*Punch*》1884 年 1 月 22 日刊載。

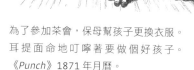

常闖入廚房，弄得到處是粉末的這對小姐妹生氣過。不過，兩年後，初次踏入倫敦社交圈的薇瓦拉和姐姐，在舞會狂歡跳舞後，半夜偷襲補給糧食的倉庫時，據說還是被狠狠斥責了一頓。

從十九世紀到二十世紀初這段期間，一般來說，中、上層階級的家庭，孩子與父母親的生活空間是區隔開的。親子間幾乎沒有同桌共餐的機會，一天只允許見面一次，午茶時間過後，如果父母親有意，就會自己到孩子房間看孩子。平日吃飯都是由保母、育嬰女僕陪伴，再大一點則與家庭教師同桌而食。比起可望不可及的高貴父母，也許隨侍於側的女僕們，更有血緣般的親密感。

女僕和孩子們的處境有很多共通點。首先，他們都被視為尚未啟蒙的人類，歸類成該受教化的對象，也被禁止出現在大人正式的世界裡。在金士頓萊西宅邸，孩子和僕人使用相同的內樓梯，不許使用大理石造的主階梯。

中午前穿上黑色絲襪與樸素的衣裳，過午之後則換上整潔的連身裙。這句廣為人知的俗諺「會被小孩看見，所以不可以出聲喔」也很適合用在僕人身上。具有相似背景的兩個群體，相近地共享著祕密。渴求雙親關愛之情的孩子，把保母、女僕當成寄託的對象；女僕們也透過與小孩相處，在精神上尋求與雇主難以直接聯繫的一種交流。

蘿絲・哈里森曾經服侍過的年輕千金小姐，在從國外新娘學校返家

1 | 2

1. 湯米小少爺「爸爸是劍橋的，所以大學競賽的划船比賽，如果他們贏就太好了。主廚的爸爸是哪邊的啊，是牛津嗎？」雖然是相當荒唐的問題，但是令人畏懼的廚師對小少爺還是露出甜美的笑臉。《*Punch*》1881年7月1日。2. 正在製作藝術等級的糖飴甜點。將溫熱的糖用叉子和麵棒拉成細絲狀，延伸再延伸、輕盈蓬鬆。

之後，她注意到小姐的態度不再像以前那樣不受拘束，而變得跟大人一樣冷淡。「再次見到她時，彷彿是個完全不認識的人了」——畢竟孩子還是會學到和父母親那樣的相同價值觀吧！

成為一員的「我們」

從幼兒起，保母和育嬰女僕就全程照顧孩子的生活起居，他們之間比父母親有更長時間的接觸和相處。這當中雖然也有憑藉著得到父母親信任而虐待孩子的保母，然而大多數的保母仍是寵愛小孩並受到愛戴的。孩子交給家庭教師的這段適應期，正是展開教養、教育和關愛的攻防戰時期。即使如此，當她們離開不再需要照顧孩子的職場後，仍會持續收到成長中的孩子們的來信，信的開頭往往寫著「給最愛的保母」、「想念我的保母」。

9 薇瓦拉·班克斯（Viola Bankes）。地主班克斯家次女。父母親以俊男美女之姿，活躍於社交圈。王室或貴族曾多次造訪宅邸。一九二七年與醫師結婚。回憶錄《*A Kingston Lacy Childhood*》（一九八六年）。

「早上起床時，我，到底說了什麼愚蠢的話？」「小姐，不是那樣的。即使是我，也會那樣（表情）的」。舞會隔天早晨，率直的女僕如是說。《*Punch*》1882 年 8 月 10 日刊載。

教授小女孩用字遣詞的家庭教師。與女僕比起來，更無距離。《*Punch*》1860 年 5 月 5 日刊載。

一八三〇年代，費茲荷伯特（Fitzherbert）準男爵夫婦離開德比郡的本屋期間，仍與中途退休還住在領地的前保母密切地往來信件。彼此訴說近況的信件內容如下——「媽媽說希望以白色的新家具和門來襯托房間，會立即與業者安排時間，也包括了寢室的煙囪打掃。工作都按部就班地進行著，請嚴謹地監督。」「還有，為了讓孩子可以走路到雞小屋，請鋪條碎石子路，這事請指示迪克。」——這已經超出保母該做的工作範圍了。關於宅邸和領地的營運是管家的相關業務，卻委由保母處理，可說是少見的例子。

比起下級女僕，管家、女管家、保母和貼身女僕這些上級職位與雇主的立場比較相近。如果成功舉辦大型宴會，管家會接受獎賞；貼身女僕為夫人打點衣裳，也會被評價其品味；女管家直接與夫人碰面，要懂得察言觀色；保母則是負責填飽孩子肚子。身處時常直接接觸主人的職位，若因自己的努力工作而獲得獎勵時，心裡會生出「被信賴」的喜悅感，然後有感自己也是家族的一員，對「我們」正共同打造一個家而感到充實與滿足。

蘿絲·哈里森的回憶錄裡就記述了自己和女主人的互動，諸如「美國食物很好吃，但我們兩人好像有點太胖了呀」、「我們一起抵達南安普敦（Southampton）的時候」、「我們提高分貝大笑起來」，都使用了「我們（We）」這個詞彙。蘿絲服侍的阿斯特卿夫人[10]是個個性強悍、反覆無常、毒舌、壓榨，難以相處的人，更不會對僕人說道謝的話。不過，蘿絲也不是一位會默默忍氣吞聲的人，以下是她們兩人你來我往充滿機智的激烈回話。

「蘿絲，我和你可不一樣，我天生就是發號施令的人，知道如何從經驗中去對待別人。」

「我和您也不一樣啊，夫人！我視錢如命，金錢就是力量。人對金錢的力量是充滿敬意的。因為您擁有錢，所以我們都會殷勤地服侍您呀！」

那些當然都不是真心話。當與女主人的行為交鋒時，蘿絲可深感那其中的善意，她對女主人賑災時的勇氣以及對社會奉獻活動的付出，銘感於心。夫人也是，雖說是刀子嘴，但仍十分依賴自己身邊的女僕。蘿絲與夫人間曾發生過軼聞趣事，蘿絲本人對夫人一向如待母親般地有禮，有次不知何故，竟將不合自己尺寸的衣服送給夫人。回顧三十五年的時間，與阿斯特卿夫人一起生活的日子，蘿絲這麼說：「她，是我自己人生的寫照」。

自己是家中一員，是夫人身體一部分的延伸，然後是體現人生的共同創作者。也許這是上級僕人不畏艱辛工作，願意奉獻一生的內心感受。

10 阿斯特子爵夫人——Nancy（阿斯特卿夫人，一八七九至一九六四）出生美國維吉尼亞州。接任丈夫選區，成為下院議員。是第一位登上國會的女性。嚴格的禁酒主義者，致力於提升女性和孩童地位。於第二次世界大戰後退出政壇。丈夫去世後，和蘿絲等幾位女僕一起生活。

1 | 2 | 3　1. 穿戴整齊的小姐與少爺，手拿跳繩和鞭子。大概是保母的主意。 2. 育嬰女僕和小姐們的紀念照。約十九世紀末。 3. 印度的英國人家庭會雇用當地保母，稱為Ayah。有時會和小孩一起回英國。

女僕的名字與稱呼方法

名字因地位和場合不同而變

夫人叫僕人們名字時，常會隨著職稱和位階來改變稱謂。女管家和廚師過了適婚年齡還未結婚的，會在姓氏之前加上「Mrs.」。家庭教師則是「Miss＋姓氏」。

瑪格麗特・鮑威爾（Margaret Powell）的原姓是蘭格利（Langtry）。某些家庭會優雅禮貌性地稱她為「蘭利」，其他家庭則不拘禮數地叫她「瑪格麗特」。對廚房女僕和家事女僕這些位階低的女僕大多直稱名字，貼身女僕和接待女僕一般都稱呼姓。不論是哪個，夫人稱呼他們都是省略敬稱，直接指名道姓。

女主人看到「瑪格麗特・蘭格利」這名字時，認為這是個像演藝圈那樣的「輕挑名字」，與廚房女僕不相稱。大概是連想到那位美麗女演員莉莉・蘭格利（Lillie

夫人「寶麗娜，你有教妹妹怎麼說話吧！」寶麗娜「真是抱歉，夫人！那孩子一點都不懂規矩。她沒有稱我為『小姐』」。姊妹之間也講禮貌。諷刺漫畫誌《*Fan*》，1872 年左右刊載。

Langtry）是愛德華七世的情人之故吧！據瑪格麗特的說法，女僕該有的正確名字是「**艾爾希・史密斯**（Elsie Smith）**或瑪莉・瓊斯**（Mary Jones）」。據統計，史密斯和瓊斯是英國的兩大姓氏，而瑪莉、珍，或瑪莎等等，從十八世紀以前，似乎是女僕最普遍的傳統名字。

在漢娜・庫爾威克的回憶錄裡，提到替她命名的人給了她一個與淑女一樣誇張的名字「**安娜・瑪莉亞・多蘿西亞**（Anna Maria Dorothea）」。但媽媽以身分不相襯而阻止了，最後選了一個最普遍又有點符合女僕的名字「漢娜」。

任意更改名字

與漢娜的媽媽不同，若一些想法新潮的父母親為孩子取了個「**輕挑的名字**」——結果也大同小異，如果和主人家中某人同名時，就會被更改成其他名字。一九三〇年代，育嬰女僕安格斯・瑪麗・克勒克（Agnes Mary Clerk），從小就被叫瑪麗，但因與家中一位小姐同名，後來被改叫安格斯，受她照顧的孩子都稱她「**安琪**」。與此同時，家事女僕瑪姬・皮可斯（Madge Pickers）的女主人不喜歡她的名字有「**過於不安**」之意，於是決定「**你就叫瑪喬麗**（Marjorie）**吧！**」。

有些家庭則是不管女僕原來的名字為何，即使換了女僕，也會因職務而繼續稱呼固定的名字。伊夫舍姆（Evesham）的史都華夫人記得一九〇〇年代以前，發生在祖母家的事。在那戶家庭中，女僕之長皆稱為艾蜜莉，艾蜜莉以下的女僕叫珍；廚師稱夏洛蒂、廚房女僕都是瑪麗。還有生於諾福克的其他女性，記得祖母家的家事女僕一律稱為愛瑪。

英國的主人們通常都直呼貼身女僕的名字，但美國南部出生的阿斯特卿夫人則稱自己的女僕蘿絲娜為「**蘿絲**」（「意為沉默不語，『蘿絲』是她決定的叫法」）。管家和隨從的情況應該也是如此，如某位加拿大出身的富豪都直接稱呼自己的隨從名字。道地的英國隨從喬治・斯林斯比（George Slingsby）一開始被主人坦率的態度嚇了一跳，但他也不反對。在英國與北美大陸中，主人和僕人之間的親密程度差異似乎相當大。夫人和女僕之間的距離感，均表現在稱謂的親暱上。

連載小說插畫。從上一代就開始服務的廚師兼女管家「貝爾女士（Mrs. Bell）」親切地扶著不習慣的年輕夫人希爾維亞。《*Cassell's Family Magazine*》1892 年刊載。

年輕太太「珍，你和男人見面啊！」
珍「只有一次而已。」
太太「即使那樣，你有接吻了，對不對？」
珍「沒有，我們只是朋友而已！」
來自年輕夫人的紀律指導。
《*Punch*》1871 年 5 月 27 日刊載。

用餐的「慣例」

「僕人廳的餐桌，管家坐在最裡面的那端，我姊姊是廚師，也是女管家，坐在另一端。姊姊左邊坐的是貼身女僕、廚房女僕和我（雜務女僕）。管家左邊是男僕人、司機、艾瑪（家事女僕）、艾莉絲（年長的家事女僕長），旁邊又回到我姊姊希爾妲。依地位的高低提供餐點料理。有很多的嚴格規矩來規範行為舉止。這些規矩，主人一家同樣地也得遵守」。

根據一九三〇年代的雜務女僕艾蓮・鮑德森所言，在僕人廳用正餐時也需遵守拘謹的餐桌禮儀。由於

薩福克（Suffolk）「海威寧漢廳（Heveningham Hall）」33 名僕人的團體照。井然有序，依地位不同，穿不同的制服。

僕人廳的「晚餐」。桌子一側為女性，一側為男性，依地位順序入座。1902 年。

大部分的僕人都會記住這一類的規矩禮儀，因此流傳甚廣。艾蓮後來轉到其他宅邸工作時，也有類似的規矩，差別只在座位席次的安排。餐桌上座端是管家，下座則是隨從。由打雜男孩（hallboy）為他們提供服務，從管家右邊的女管家開始遞上蔬菜。

用完主餐，打雜男孩便會恭敬地推開門，此時，女管家、管家、隨從、兩位貼身女僕便會陸續起身，依序排隊離開僕人廳。這幾位上級人員會移至管家房間吃甜點。於是，留在僕人廳的人也能享用甜點，而且暢所欲言了。

另一位雜務女僕桃樂絲・海柔也記得出餐盤的順序是依照僕人的地位來供應。她坐在末端最後的位子，所以「輪到我自己之前，只能望著餐盤一盤一盤地送出，口水都快滴下來了」。

僕人們的用餐儀式是模仿紳士淑女的晚餐順序。在晚餐室用完餐後，女性便起身依序移到接待室。接著，等管家拿出波特酒離開房間後，剩下的紳士便會愉快地邊抽菸邊交談。結束後，再到接待廳與淑女們會面。

在接待廳集合的賓客，當管家通知一切就緒時，地位最高的女性會伴著男主人站於隊首，再列隊前往晚餐室。照片攝於特拉福德（Trafford Park）宅邸，德・特拉福德準男爵與迪克公爵夫人。1887 年。

女性離開後，獨留男性邊喝酒邊抽菸草，愉快地交談著。《倫敦新聞畫報》（*The Illustrated London News*）1886 年刊載。

晚餐的最後，淑女們留下紳士，先行離開晚餐室。《*Punch*》1883 年刊載。

靜默不語的「Dinner」

「Dinner」可以說是一天中最重要的一餐，依所屬階級不同，用餐時間也各異。中產階級以上的家庭稱晚餐為「Dinner」，勞動階級一般是指午餐。僕人們遵循禮儀，正式的用餐在中午。另一方面，紳士淑女們在晚餐上輕聲細語地交談是種禮貌，但大多數的僕人廳裡，用餐時都是沉默的。艾蓮這麼說：

「我們心裡雖然期待可以說說笑笑，但其實是必須保持沉默的。艾瑪突破這修道院似的靜默，祕密地使用了暗號。如果看她挑起一邊眉毛，就是『請幫我拿果醬？』，如果是稍微抖動一下，就是她想拿離她最近的蛋糕的意思。允許講話是在傍晚的用餐時間，這時就可以開心地和來訪賓客的女僕與司機，互相交換八卦情報。」

廚房員工大多是自己用餐，洗濯室和從事屋外工作的傭人也是在自己的工作空間內飲食。護理師和家庭教師則在照顧孩子的房間裡用餐。另外，也有讓廚房、洗濯室、廄舍等員工到僕人廳用餐的家庭，所以一到用餐時間，僕人廳就會成為一個熱鬧的眾人聚會之地。任何人一進入某個團體，就會隨著那個家庭的結構、人員的組成來改變既有習慣。像是家事女僕長等人，會因其工作的家庭不同而有不同待遇，有些對待她們如高階職位者般，有些則未必。有部

「家庭祈禱會」上，貼身女僕與廚師爭論哪個地位比較高，引來一陣混亂，主人夫婦深感困擾的表情，心情應該正如漫畫誇張手法所表達地那樣吧！《*Punch*》1872 年 6 月 1 日刊載。

主人吩咐男孩蒐集情報，「我已經隨便寫了你們的年齡，接著告訴我，你們有幾個戀人？是和警官，還是軍人？一年拿到多少小費？經費的流用額和修繕額等等這些。」《*Punch*》1871 年 4 月 8 日刊載。

護理師與孩子同桌共餐，在寄宿學校學會使喚低年級生的少爺，要求護理師剝蝦子。《*Punch*》1870 年 9 月 17 日刊載。

廚房員工私下流傳，家事女僕把打破的盤子藏起來。《*Cassell's Family Magazine*》1894 年刊載。

分家庭會將上級僕人和下級僕人的用餐完全分開，造成上下兩個團體之間有道很深的鴻溝，平常私下也不會交流。艾蓮是新手，位居下級的雜務女僕。姊姊希爾妲則已經位居上級女僕地位，所以「除了兩人獨處的時間之外，我也要與其他人一樣稱姊姊為『女士』。」

晉升和摩擦——貼身女僕的處境

在一個職場裡，要跨越上級僕人與下級僕人之間那道「牆」的界線，就是晉升的機制。依照慣例，在同一間宅邸內要想從下級晉升到上級是困難的。雖說如此，但若有部分僕人因受到雇主青睞而獲得拔擢，就有機會晉升。這時候如果沒有與周邊打好關係，便會招致忌妒而陷入困境。內布沃斯（Knebworth）大宅邸中，每當有家事女僕、貼身女僕晉升時，據說上級僕人都會對她們「投以悲慘目光」。

護理師和貼身女僕如前章所述，很多都是直接與雇主接觸，是最容易和雇主一家產生融洽感情的職務。不過擁有融入「我們」那樣的親密感情，可能會引來樓下的不悅。貼身女僕越是親近夫人，越容易被懷疑是夫人派來的間諜，讓周圍的人產生壞印象。為了勝任貼身女僕這個工作，必須學習裁縫衣服、製作帽子、挽頭髮、接受法語等等的額外教育，這些卻被非議成「妄自尊大」。其實，這不過是因應主人需求，成為一位具備高雅用字遣詞和優雅禮貌的工作人員，該付出的結果。

蘿絲．哈里森也是貼身女僕，但她始終與其他員工保持良好關係。其中一個祕訣據說是聖誕禮物。受託從夫人那挑選禮物的她，每年都會蒐集受到好評的禮物。有一年她成功說服夫人送出私人飾品，讓女僕們皆大歡喜。

「特殊」的保母們

老資格的「保母」們一向自認為是家族的代理人，此舉時常引起家庭的糾紛爭執。廚房是廚師的聖域，連女主人都要敲門得到許可，才可以進入廚房。

但熱衷於工作的保母卻未曾注意過廚房的獨特地位，為了張羅準備小少爺和千金的餐點，常常一副理所當然的樣子，隨意踏入聖域。瑪格麗特．鮑威爾替廚師說出那樣的心情，「從接待女僕、家事女僕或廚師的角度來看，保母或是育嬰女僕，總讓人覺得她們高高在上，而實際上她們的行為也正是那樣。」

「那些人和樓上的人長久相處，夜晚，孩子就寢前會由她們帶到接待廳道晚安，那時她們也會和『他們』一起就坐，雖說如此，她們當然不是『他們』的一員，如果下樓來也不會被看成是『我們』的夥伴。她們和『他們』既然關係良好，我們就覺得不管她們怎樣都會來告訴我們有關於『他們』的事情，然而，就我們的觀察實際上並非如此。」

兒童房的爭執點——二十世紀初，規模大的家庭會有育嬰女僕（nursery maid）（專門服務兒童房的女僕，也稱「nurse maid」），據莎拉．賽吉維克（Sara Sedgwick）的經驗，若和「樓下的僕人」碰面，她並不會參與談話，也不曾進去過僕人廳。有時候，會在那個房間看到家事女僕長。

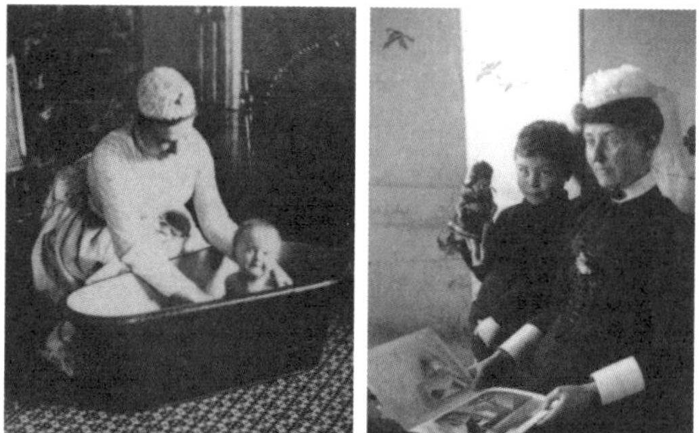

1｜2　1. 在暖爐前幫孩子洗澡的「佩特沃斯」宅邸的護理師長，瑞秋．桑普特（Rachel Sumpter）。1890年左右。 2. 為孩子讀繪本的保母。看帽子形狀，可以知道她不是家庭教師。

「她穿著黑緞子的衣服，什麼事也沒做，就只是監督其他的家事女僕。整天不斷來回地踱步，消磨時間，然後把門關上。跟我每天辛苦做事相比，那真是個輕鬆愉快的工作」。

立場不同，看到的也不盡相同。護理師和育嬰女僕們負責照顧孩子們一切的生活起居，只在兒童房裡，依照既定的行程做事。飲食照料、更換衣服、散步、洗澡、閱讀繪本、就寢，空檔期間，還要洗孩子衣服、修理東西，也要清掃小孩房、看顧暖爐火候、整理專用食器等等，這些工作都不是交由家事女僕來做。就教養小孩觀點來看，這確實是繁忙的工作，與其他部門相比，更需注重時間的分配運用。

無依無靠的家庭教師

既不屬樓上也不屬樓下的一份子——這對有家庭教師和淑女身分的女管家（Lady-housekeeper）來說是一種煩惱。特別是家庭教師的模糊立場，在維多利亞時期被視為是社會問題。她們被樓下的人排除在外，也受樓上雇主的輕視。雇主對於女兒的教育內容並不太關心和在意，只要求教導她們基本的「淑女修養」，然後可以做一些簡單的針線活即可。父母親這樣的態度，孩子們當然也不會尊敬家庭教師，甚至還會揶揄欺負她們。

十九世紀初，成為家庭教師的艾倫·惠頓（EllenWheaton）在信上描述了當時的情況。自己沒有理由抱怨和拒絕，「家庭教師幾乎是不容於社會的。我無法和僕人們成為朋友，而家中主人和來訪賓客在當時也未能以平等的態度來看待我，因此為了讓自己維持平靜和愉悅的心情，必須擁有堅強的意志和精神力」。

在鄉間宅邸書房教小孩的家庭教師。

艾倫是商人的女兒，父親在她年幼時就過世了。為了養活自己，她必須從事這份工作。與她同為家庭教師的人，不是出生於中產階級就是上層勞動階級家庭，理想是能過著不需從事勞動工作的生活，而是以淑女的身分過日子；但實際上卻必須寄人籬下，不得不做著「卑微」的行為，以勞力換取報酬。一旦有這樣屈就的心，要建立起和雇主同心的想法，或是讓自己熱愛這工作實在很難。

對立的火種

當對雇主、上位者或其他部門的不滿情緒越來越高漲時，如果有可以發洩的同僚在一旁，因為有共同的批評對象，僕人之間很容易連成一氣、同仇敵愾。一起工作、生活的團體裡，如果有持有異文化的族群，有時就因此被純粹地視為攻擊對象。

金士頓萊西宅邸的薇瓦拉．班克斯小姐回顧她的少女時代，覺得家人和僕人的關係良好。雖然環境不算出色，但能在這工作是恩惠，所以女僕服務時間都很長，除了結婚外很少離職的。不過，當然也有例外。

洗濯室雇用了兩個洗衣女僕，是一對來自愛爾蘭的姊妹。姊姊茱莉亞清瘦苗條、待人親切，妹妹愛蓮則是相當豐腴、性格溫和的人。兩人會在大鍋爐前洗床單，熨燙衣物的熱氣使兩人的臉頰通紅，薇瓦拉常常從裡面樓梯的窗戶看著她倆。姊妹每星期都會到八公里遠的天主

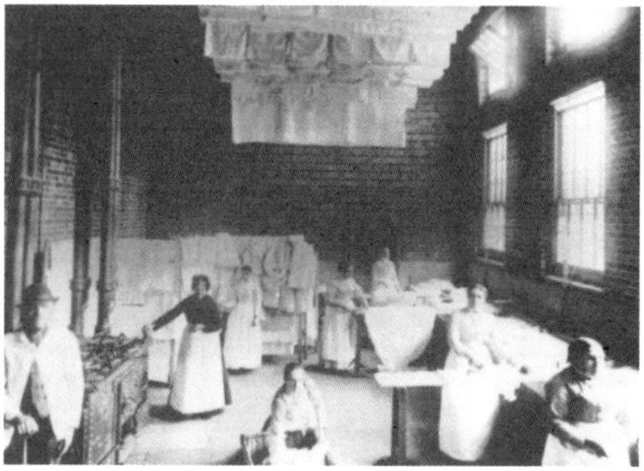

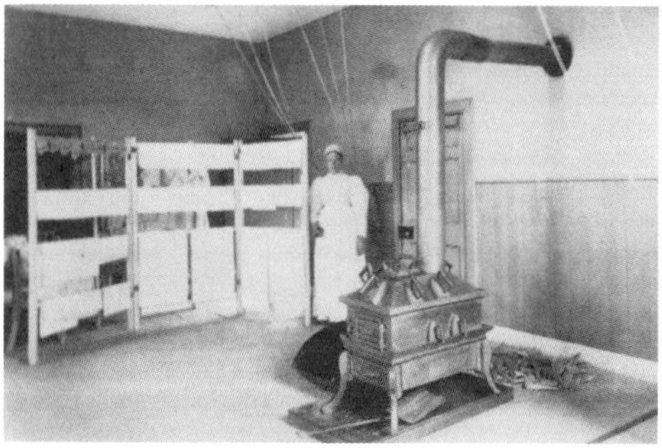

1
2

1.「佩特沃斯」宅邸的洗衣房。爐上放著很多熨斗加熱，一旦冷卻便迅速更換使用。約 1870 年代。 2. 蘇格蘭金奈德城堡（Kinnaird Castle）的洗衣房。洗衣暖爐放在中央。煮洗和熨燙應該是在別的房間。1898 年。

教會作禮拜，是虔誠的教徒。在工作時，當地的神父偶而也會前來拜訪，並越過窗戶與她們說話。兩人開心的臉，那種「奇妙的幸福」，在其他不同信仰的僕人看來就是彆扭、不順眼。於是就有了戲謔的歌，傳唱著姊妹倆和神父之間的三角關係，處境困難的兩人最後只好離開。這個事件日後也深深烙印在薇瓦拉的心底。

「那天早上，即將出發離開的她們到兒童房道別，也許我是個薄情的小孩吧？還是因為我知曉別離場面的悲傷心情呢？總之，我跟來叫我的育嬰女僕說，告訴她們我睡著了」。

某個「家事女僕兼廚師」認為僕人的同僚關係很難產生，曾這麼說：「覺得在只雇用四個人的職場工作比較好，工作氣氛比在大房子好」。三個人不夠，因為可能會有兩人互相串連，排擠另一個人。

不論要爭吵還是結盟，如果沒有對象就孤掌難鳴。總管一切家務的一般女僕就只得孤軍奮戰。如果突然離開一個熱鬧的大家庭的話，寂寞感應該倍增吧！唯有回應雇主的命令以及有商人來訪時，才有開口說話的機會。小家庭的太太多半會同意女僕的同性友人到家中來拜訪。在那樣的家庭裡，既可以與鄰居的女僕成為好友，亦可以和以前職場的同僚彼此聯絡，偶而經過廚房時，也能稍作停留，喝個茶。

1
2

1. 樹蔭下説長道短，謠言的對象是夫人的弟弟。月桂樹為了消除味道，通常會種植在晒衣場旁。《*Punch*》1871 年 3 月 4 日刊載。
2. 附近的女僕利用工作空檔站著閒聊。以「一般女僕」為題材，是非常珍貴的繪畫。約翰．菲尼（John Finnie），1864-65 年。

閣樓房裡的青春

即使是出生地和成長環境不同，若年齡相仿，又從事一樣工作的同僚，成為感情彌堅的摯友可能性也是很高的。一九〇九年，初到威爾斯愛丁格宅邸就職的育嬰女僕蓓西．紀登斯（Bessie Giddens）被分配到個人房。在不熟悉的大宅邸裡，一個人面對空蕩蕩的閣樓房恐懼不已，於是搬去和第二家事女僕伊迪絲．海考克（Edith Haycock）同房。接下來的一年，兩人成為無話不談的好友。後來蓓西還鼓起勇氣向主人約克先生提出想換部門的請求，到伊迪絲管理下成為第三家事女僕。有次，蓓西因猩紅熱倒下，約克夫人決定請醫生來看病醫治，伊迪絲也理所當然地從旁協助。

梅姬．威廉（Maggie Williams）是年齡比蓓西和伊迪絲小一輪的世代，一九二〇年代到愛丁格工作，她想起在閣樓房間的回憶：

「下級的接待女僕和家事女僕一起住在大房間裡。上級接待女僕和家事女僕則有自己的房間。即便如此，夜晚臨睡前，我們都會聚集在一個房間裡閒話家常，有時還會聊到深夜或是快天亮時。炎熱夏天則會爬到屋頂上坐著看庭園裡美麗的景色。看兔子互相玩耍的樣子，十分有趣。在那個閣樓裡有很多有趣、快樂的事。不過，為了不引起主人家的注意，都是小小聲地進行的喔！」

愛丁格的主人和僕人之間出乎意外地親近。正因為是那樣的家，才能有那樣的氣氛吧。這也不禁讓人想著，年輕的女孩總是青春活力，不管身處的環境如何，大夥都會聚集在閣樓的房間裡，在深夜裡互吐內心話。

透過圍牆和鄰居女僕交換八卦。1905 年，送給女性同僚的幽默明信片。

女僕們的伙食

「這才是真正的紳士」

曾有貴族和地主這些上流階級跟他們的朋友這樣吹噓，自己對待家裡的僕人比那些「暴發戶商人」還要寬厚大器。一九三〇年代，雜務女僕桃樂絲·海柔對她的供餐食物這麼評價：「很好吃，份量也很足夠」。

「因為給家族用的料理總是過剩，我們時常會把午餐用剩的食物當成晚餐來吃。有雞肉、雉雞、雷鳥肉的冷盤。還有冷掉的烤肉。我們白天的正餐（Dinner）不是剩菜剩飯，一直以來主人都為我們準備現做的熱食。早餐也是豐盛溫熱的料理，只有星期日早晨固定是火腿冷肉。這當然也是廚藝精湛的廚師親手做的。（中略）。女管家都說『這真的是紳士等級的待遇啊！』，我們的廚房才不會跟那些暴發戶一樣吝嗇小氣。那些人只給傭人吃剩下的、不新鮮的麵包和奶油，而給的一天工作量卻爆表。」

主人「等等，史蒂文生，那鮭魚還沒有人碰過喔！」管家「那請問先生，我們晚餐要吃什麼呢？」要把樓上的「剩菜」給僕人，似乎有點過早了。《*Punch*》1862 年 3 月 8 日刊載。

樓下的用餐。男僕人驕傲地對下屬男孩說不用叉子不能吃飯。《*Punch*》1848 年 9 月 2 日刊載。

桃樂絲的主人是個相當大方慷慨的「真正貴族」。即使是於第一次世界大戰最艱辛的階段，在巴斯侯爵（Marquess of Bath）的主領地朗利特（Longleat）大宅邸裡，仍繼續過著彷彿與世隔絕的飲食生活，絲毫不受影響。據某個男僕人回憶，每星期會抓來三種不同種類的羊，給僕人品嚐的有雉雞、鵪鶉、鵝、鹿、兩個種類的兔子，牛肉倒是不太常出現。

味道糟透，量也不足……

勤儉的中產家庭，當然不可能如此。僕人的食材和樓上的料理完全不同。伙食是便宜價格買進的鯖魚、鱈魚，就算有肉類，也是使用邊角的無肉味部位，再與其他食物一起燉煮的固定料理。根據瑪格麗特．鮑威爾的回想，二十世紀初，員工們對於起司通心粉和威爾斯乾酪（烤起司吐司）發出不滿的牢騷話。這道料理乍看之下似乎美味，但千萬別把它想像成是現代的起司通心粉和披薩。先不提如今，英國版的義大利麵仍是眾人皆知的惡名昭彰食物，即使起司本身無罪，但一整年裡若只出現同樣一道食物，確實會讓人噁心生厭吧！

一八九二年在某雜誌上，一位擁有十六年管家經驗的約

找來男朋友在樓上房間裡喝香檳乾杯……，卻沒料到「先生和太太旅行提早歸來」。明信片，郵戳1906年。

翰・羅賓森（John Robinson）敘述了他們的飲食生活狀況，反而是再沒有比起司通心粉更能引起食欲的食物了。如果說從以往至今日的男僕人服務品質降低的話，大概跟飲食太過於差勁有關聯吧！廚師為了專心製作樓上的料理，面對員工的伙食就「交給廚房女僕隨意做做」。結果就是，「手藝拙劣到烹調出了巨大的圓形烤肉塊，冷掉後仍不斷地端上餐桌，最後看誰受不了，感到噁心，就把肉剁成細塊丟到廚餘桶為止，然後，下一次又是巨大肉塊上桌，不斷反覆地上演著這樣的戲碼。」

只因份量大，就要勉強塞進嘴巴嗎？若不這麼做，就如犯下滔天大罪似的，羅賓森先生嘆著氣。不過，據說也有供餐味道差、份量又不夠的家庭存在。莉莉安・威斯特一直記得，有著連續幾天一直出現鯖魚，午茶時間則是麵包塗奶油，早餐吃麵包加肉脂（烤肉時滴下的油）這樣的家庭。更甚者，在保存肉脂的容器中還會出現老鼠屎，如果不把它掏出來就不能吃東西。讓她短短一星期的時間就萌生辭意，而這絕對是無庸置疑的正確決定。

像莉莉安這樣的女僕們應該無法想像和體驗，作為貼身女僕的蘿絲・哈里森每天都在最上流社會裡生活的日子。她一整年跟著女主人繞著世界跑，紐約、維吉尼亞、佛羅里達、百慕達、瑞士、巴黎，橫越東歐、北歐、南非等地。大宅邸、王宮、豪華客船、私人飛機以及入住數不清的五星級以上飯店。不論停留在哪，都有一流的饗宴和服務等候著。

第二次大戰結束後，麗茲—卡爾頓飯店（The Ritz-Carlton）特別為阿斯特卿夫人準備一間彷彿花坊的房間，裡面擺設著來自美國友人送的鮮花和水果。其中有蘿絲從未見過的香蕉。當她不由自主地拿起一根香蕉品嘗時，被夫人撞見，夫人還說「你可以把它全部吃完喔！」。不知道她最後是否只吃完一根還是吃掉了全部的香蕉呢！畢竟，在一九四六年當時，香蕉對英國女僕而言，可是難得一見的南國水果。

令人「討厭」的上午制服

一九二五年春天。洗碗女僕珍・蘭尼第一天上工的早晨，在「家庭祈禱會」上，目睹了三位家事女僕同僚身穿上午專用制服的模樣，她用了極度尖酸的話來形容對此的感想。

「再也沒有比那更糟糕的事了。三人同時穿上刺眼的粉紅色衣服，配上早晨用圍裙和帽子。那種令人作嘔的粉紅色，真是空前絕後啊！」

「『三隻煮熟的龍蝦』──真的，第一眼看到那恐怖的粉紅色，腦裡浮現的就是這個，再也沒別的了。可是，真正龍蝦的顏色是很漂亮的呀！」

穿粉紅衣服的廚師和夫人起爭執。喬治・羅伯特・西姆斯（George Robert Sims）著作《*Mary Jane Married*》的封面。

消防員和穿「粉紅上午服裝」的女僕相互調情。明信片，郵戳 1907 年。

與這三隻煮熟龍蝦同色系制服的事件並未就此落幕，在那年歲末仍餘波盪漾。聖誕節當天，珍從雇主一家那裡收到包裝好的禮物。她雖然滿懷期待地希望打開禮物的瞬間，可以看到一件外出穿的衣服，但很不幸地，如其所料，裡面是「令人震驚不已」的禮物。

「總之，就是恐怖的粉紅色棉布——沒錯，就是一定常用來製作上午工作用服裝的布料。（中略）。後來，我既沒做成衣服，當然也沒穿它。那塊布到哪去了，我也不知道，行蹤不明啊！」

撇開「討厭的龍蝦色」，女僕們大致上都會在上午穿上棉質布料的服裝工作。這些工作服很多都是「印花布面」，花色多是條紋或小碎花。在員工人數多、工作需要細分的鄉間大宅邸裡，上午穿的制服會依所屬部門而有不同的顏色。在史丹佛郡夏塔巴洛（Shugborough）宅邸，「家事女僕是容易辨識的紅色系質地服裝，蒸餾室女僕為綠色布面，廚房女僕著紫丁香色系，洗衣女僕則是藍條紋的裝扮」。這處宅邸目前開放一般民眾參觀，展品裡就有一八八〇年代的家事女僕制服。沒有讓人感到可怕的用色，而是可愛的淡粉紅色系制服。

印花布面的服裝搭配白色圍兜的圍裙和帽子。因為要做擦鞋、擦地、打掃暖爐這些滿是髒汙的工作，上面還覆蓋著一條硬質粗麻布料的大圍裙。

Whatley
A happy New Year to you

女僕身著粉紅色印花布面的羊蹄袖上午制服，配戴圍裙和帽子。新年賀卡，郵戳 1903 年。

黑白搭配的下午服裝

一到下午，接待女僕、家事女僕，或許也有部分家庭的雜務女僕會被要求換上正式的黑色服裝。全國下午的工作服都以黑色系為主流的這個習慣，一直延續到十九世紀結束，因為服裝是由個人宅邸決定，有些家庭則採用深灰色或深藍色。布料材質多使用羊毛或是羊駝毛，夏天則用棉布。比上午的服裝更貼身、裝飾性更高，配上輕薄的圍裙和帽子，波浪狀摺邊、蕾絲、刺繡、緞帶等等裝飾。適度跟上那個時代所追求的華麗流行感，還附上嶄新的袖口和領子。下午這身正式服裝是為了要服侍賓客或家人，以及方便做一些簡便的針線活工作。

一直到十九世紀中葉，接待女僕下午戴的帽子都是蓋住全頭的室內帽式（mobcap）；不過隨著時代演進，帽子的尺寸變小了。從十九世紀末到二十世紀初的那段期間，甚至只用髮夾固定一條小蕾絲在頭頂上而已。一般來說，戴上工作帽是為了不讓全部盤起的頭髮散落開來，而那條小蕾絲帶除了裝飾外，並不具有任何功能性。

談到維多利亞時代的女僕服裝時，一般都會聯想到接待女僕和家事女僕的下午制服吧！黑洋裝加上白帽子和圍裙。然而十九世紀早已遠離，出生於現代的我們只能從博物館、美術館、老照片中，看到實物或是相仿的物件。電影畫面裡偶爾一端會出現的「飄曳」身影，將實際從事重勞務的女僕，抽離出其自身的內心世界，表面上只讓人看見充滿朝氣可愛、燦爛又恭敬的模樣。那麼，穿上制服勞動的她們，真的喜歡那樣的自己嗎？

「嚮往的」女僕制服

於一九〇八年，威爾特郡（Wiltshire）出身的宓麗・米爾凱特花了二便士到電影院，電影的某個畫面攫住她的目光。

「電影中描繪出我夢想的只有一個……，就是那位法國女僕優雅地從美麗的大理石階梯走下來的畫面。波浪狀摺邊的圍裙，帽子後有條長緞帶垂在背後。那時心想——那就是我想要的，我想成為那樣的人。」

於是，她跟母親商量想成為貼身女僕，卻因為不知道就業管道，一開始只能從洗碗女僕當起。在洗碗場裡悶悶不樂地工作，從沒穿過那曾嚮往的飄曳服裝。被醋和鹽弄粗了手，「每天只能望著窗外的鳥，哭泣」過日子。不久，注意到有個穿著「那制服」的家事女僕同僚的存在。她嘗試去換工作，終於順利成功了，從此之後，她便服務於肯辛頓（Kensington）宮殿所在的倫敦上流家庭。她回憶起前女僕曾告訴過她一些關於制服的事情，那心情是複雜難以言喻的。畢竟像宓麗那樣，表明既嚮往又喜歡而去做家事女僕的人是少見的。

二十世紀初期的在職女僕們，對制服的評價多半是不好的。不過若稍微往前追溯到一八八〇年代，地處牛津郡的偏遠鄉村，上午穿的印花布服裝曾被視為珍貴的寶物。芙蘿拉・湯普森回想當時村莊裡有關於時髦生活的點滴。

看到女僕的克里諾林裙襯裡露出小腿肚，「現在馬上去給我脫下來，你知道什麼是體面嗎？」可是那樣嘶吼的夫人，你自己的襯衣全露出來了。《*Punch*》1862 年月曆。

克里諾林裙襯的大流行，也影響到女僕的制服，玻璃櫥櫃的裝飾或是食器等都被撞碎了。《*Punch*》1864年3月26日刊載。

黑色下午制服。石炭
公司廣告用明信片。
1900 年左右。

藏青色的下午制服。
蘭斯・塔克雷（Lance
Thackeray）畫的明信片。
郵戳 1904 年。

在彼得伯勒（Peterborough）拍攝的照片。
黑色下午制服。1890 年左右。

深藍色制服。和煙囪清掃工幽會後，圍裙……。
明信片。郵戳 1911 年。

淺藍色制服似乎很常出現在肥皂和清潔劑
的廣告中。家具用清潔劑廣告。1920 年左
右。

「在舊衣服堆裡，最偏愛的是當年輕女僕時，上午所穿的印花洋裝，紫丁香色、粉紅色、淡黃色等等花色都相當受歡迎，白底小樹枝的印花布面感覺也很好。這些衣服重新修改縫補，少女們會當作勞動節或是夏天外出、去教會時穿的洋裝。」

自付制服費用

不過，女僕的制服也有可能在一開始時就是別人的舊衣。貝辛斯托克（Basingstoke）的霍利韋爾（Holywell）夫人還記得一九一五年剛開始當洗碗女僕時，帶在身邊的「舊馬口鐵箱子」裡裝了一大半的「舊」東西。

「印花布面的服裝、帽子和圍裙，是把兩個姐姐的舊衣服改成我的尺寸。內衣也全都是舊的。新品只有兩件，一件黑色服裝是媽媽花了十五先令買的；還有去教會時要戴的，附有天鵝絨緞帶的黑帽子，則是花了五先令六便士。」

女僕們初次工作時，大多必須自費準備制服。再加上褲襪、靴子，費用也會隨之增加。為了能前往「二流職場」，若有籌備金是最好的狀況，然而這對貧窮的勞工家庭而言，無疑是相當大的一筆負擔。母親四處籌措金錢，有時還要分期付款來幫女兒備足必要的衣物。剛開始收支呈現負債狀態時，只能從僅有的薪水中

女僕流行搭配帽子附上長緞帶的髮型，直至二十世紀初，不剪短前髮而改留瀏海，是當時最新潮的樣子，卻被很多家庭禁止。《*Punch*》1895 年 7 月 18 日刊載。

「喂，珍美，你的克里諾林裙襯去哪裡了？」「哎呀，那個已經不流行了吧。」那是對過於追求流行女僕的解僱預告。《*Punch*》1866 年 7 月 4 日刊載。

來償還買衣服的多數費用。霍利韋爾夫人最初的月薪是十三先令四便士，為了償還制服的錢，還從薪水中寄了十先令給母親。

因為了解初任女僕的負擔過於沉重，有些雇主家庭會提供一套制服。通常習慣在聖誕節將布料、圍裙、褲襪當成禮物來送給她們。不過回憶珍・蘭尼在聖誕節的遭遇，那過於「實用的」禮物，看起來似乎不太受歡迎。

有時，也會遇到追求時尚的夫人想讓她們的女僕穿上設計驚人或顏色怪異的衣服，於是提供一套那樣的衣服給她們。愛蓮・湯普森當初就自備黑緞質料的下午服裝到職場，但女主人討厭黑色，她只好親自縫製「茶色或咖啡色」的圍裙和袖口。另外，也有家庭是請村莊的裁縫店製作「綠色的上午服，絳紫色的下午制服」，或是以配戴「大且色彩明亮的緞帶」來取代帽子。以上這三個例子，都是一九二〇年代以後發生的事。

隨著時代日新月異，制服也變得多樣化。儘管如此，還是無法證明時髦的制服能凝聚女僕們的心。愛蓮・湯普森一點都不想長久留在那穿著「咖啡色圍裙和袖口」的職場上。但要像對制服懷抱強烈憧憬的宓麗・米爾凱特那樣的例子，畢竟是少數。

髮帶型帽子和小圍裙、短裙。「陸海軍商店」郵購目錄。

接待女僕的帽子僅剩蕾絲帶花邊，因著重裝飾性而大幅縮小工作帽體積。袖口和圍裙也逐漸寬鬆。1900 年代。

1920 年。位於倫敦高級住宅街上的格羅夫納（Grosvenor）的時尚女僕形象，圍裙充滿波浪花邊。《*Cassell's Family Magazine*》1895 年刊載。

顯示地位的衣服和帽子

即使發生過不少變化，下級女僕的制服仍呈現某種一致感，與位居上位的女僕裝扮不同。女僕的最上位者——女管家，身穿黑色或是沉穩顏色的絲質服裝，或是穿白襯衫搭配附有白緞帶的帽子。如果只看顏色搭配的話，其實與女僕的下午服極盡相似，但這不是制服，布料材質和裝飾也全然不同。不論從哪方面看，都和以前的淑女服相近，也和未亡人的喪服十分相似。此外，亦允許別上胸針這類的飾品。

管家衣服的另一特色是會在腰帶上掛著鑰鎖串。上頭有亞麻布類、上等陶瓷器、茶葉、砂糖，提供給員工日用品的倉庫鑰鎖等等，這象徵著她在家裡具有重要地位。曾經是洗碗女僕的布蘭奇·霍爾（Branche Hall）回想起這段往事，「她只要在走廊上走動，就可以聽到裙子上掛著的那串大鑰鎖叮噹叮噹響，我嚇得一直發抖」。

女管家會指導下級女僕，在蒸餾室製作果醬、西式泡菜、花草藥，和準備茶飲等工作。大宅邸的工作繁多，女管家承擔了原來女主人該做的所有

十九世紀中葉以前的女管家。配戴老式造型的室內帽和裝飾。肯尼·梅多斯（Kenny Meadows）「人民之長」。1840 年代。

從十九世紀中葉到後期，服務於「愛丁格」的女管家瑪麗·韋伯斯特（Mary Webster）。為顯示其職業，將鑰鎖拿在手上。

事情。女管家腰際上搖晃著的鑰鎖器具，名為「Chatelaine」。語源起於法語的「女城主」之意。女管家的整體打扮，顯示其地位僅次於女主人。

貼身女僕和女管家一樣，沒有特定的制服，必要時還可以選擇自己的衣服。一九二〇年代，蘿絲．哈里森的服裝就如下所示：

「（從照顧小姐晉升到服侍夫人）因為正式成為貼身女僕，再也不需要穿印花布面的衣服了。我被要求穿著乾淨俐落、樸素，不能過於搶眼，但要具流行感的服裝。上午，穿材質柔軟的針織服搭配裙子加開襟毛衣；下午午茶時間過後，或稍早需要外出時，則換上藍色或

夫人（右）把向朋友借來的女僕送回家。穿著裙襬少、樸素衣服的女僕（左）。《*Punch*》1866 年 4 月 14 日刊載。

對夫人的裙子下襬過長而在意的貼身女僕。「這總有一天會送我吧！多少也要聽聽我的意見呀！」如此建議著。《*Punch*》1876 年 11 月 4 日刊載。

穿著絲質衣服，戴著室內帽的貼身女僕，正打包夫人衣物。《*The Girl's Own Paper*》1885 年 10 月 3 日刊載。

棕色的洋裝。也可以戴上珍珠、串珠的項鍊和手表等飾品，除此之外的裝飾都不行。化妝也不行。有次擦了口紅就被責備了。一起外出時，認錯了夫人和女僕這樣的糗事是絕對不被允許發生的。」

夫人有時也會將一些質地或設計過於不宜，而難以穿搭的日常衣物分送給女僕。蘿絲服侍的阿斯特卿夫人，是位慷慨大方會送女僕珍貴衣服的人。不過，蘿絲是個與雇主一起出現時，堅持不穿雇主贈送衣服的絕對主義者。很多女僕都會把衣服拿去變賣換成現金，但她沒有那麼做。年假時，蘿絲仍要照顧夫人的起居生活，大概也沒時間將她收到的衣服拿出來展示一番，就這麼結束假期了吧。

「鮑比少爺，好孩子只能靜靜看著小寶寶喔。我也會告訴那個看起來可怕又年長的軍人，不可以碰到少爺。」護理師外出的固定打扮是深色外套（或披肩）和帽子。《*Punch*》1862 年 6 月 28 日刊載。

1908 年，在漢普郡（Hampshire）「雪埠屋（Sheffield House）」工作的護理師——道森。身穿明亮衣服和帽子。於嬰兒受洗後拍攝的照片。

1900 年初，照顧約翰・愛德華・科特尼・博德利（John Edward Courtenay Bodley）之子的護理師——道爾塔小姐。穿著大袖口的白色洋裝。

醫院的護理師與孩子的護理師

照顧孩子的護理師的制服，和其他不同種類的護理師們——同時代的醫院護理師服裝極其相似。自一八五三年的克里米亞戰爭開戰以後，活躍的佛蘿倫絲・南丁格爾（Florence Nightingale，一八二〇至一九一〇）與其部下，將護理師的服裝統一規格化，尤其是所具備的機能性廣受認可。在私人宅邸中，擁有護理師這個相同名稱的保母和育嬰女僕的服飾，也受到相當大的影響。直到一八六〇年代為止，女管家及家事女僕的外型都還維持著傳統的衣著風格。不過，到了一八七〇至八〇年代這段期間，女僕服與當時醫院的護理師服，已經不易分辨了。

上午穿上燈芯絨之類的服裝，附上圍裙和袖口，並佩戴帽子。下午則換穿白襯衫搭配灰色或白色裙子。外出時，她們披上深色外套、戴上黑麥稈製或無邊綁帶帽子的樣子受人矚目。因應時代的變化，負責兒童房員工的服裝風格也隨之有所不同，莎拉・賽吉維克「在家裡，平日連褲襪都是白色的，出門時則穿白襯衫灰裙子」；相反地，安格斯・瑪麗・克勒克記得是「上午穿灰色洋裝、白圍裙和帽子，下午是白洋裝；外出時則提供外

1867 年，東薩福克醫院的護理師。外表看起來雖和育嬰女僕有不少的共通處，但她們腰際上會攜帶著剪刀之類的護理用具。

約與南丁格爾同時期，從 1860 年代起就活躍於醫院護理界的多蘿西・溫德洛・帕蒂森（Dorothy Wyndlow Pattison，1832-1878），被暱稱為「多拉姊妹（Sister Dora）」。圖中可以看到她戴著下巴綁著舊式蝴蝶結型的護理師帽，稱之為「Sister Dora Cap」。

套、黑帽子與手套」。

某些廚房的廚師和護理師一樣，被特許穿上白色洋裝。圍裙是在廚房做料理時的必備配件，因為還要捲起袖子來做事，所以不需要硬材質的袖子，帽子則不受青睞。

淑女們穿的洋裝從下午到傍晚，直至入夜後的這段時間，會換成短袖、深領口，裸露出肌膚的衣服。正式的晚禮服則是無袖的，能看見脖頸部分，甚至酥胸微露。女僕則與淑女們不同，必須盡可能地不裸露出身體，常穿高領衣。裙子的長度，至少到第一次大戰之前，以不能露出小腿肚，裙襬長度以不能在地上拖曳為原則。衣服都是長袖以遮住手臂。廚師和女僕雖被允許捲起袖子，才能俐落做事。但是在可能會被雇主或客人看到的場合裡，如果帽子、袖子、領口沒有整齊規矩的話，還是會遭受責備。換句話說，允許可以不用戴帽子，胸前不需繫上圍裙，證明其地位之高。

1
2

1. 在上層中產家庭裡，穿白色服裝捲起袖工作的廚房員工。「布洛斯沃斯廳（Brodsworth Hall）」，1910年左右。2. 小家庭，穿戴印花質地服裝、圍裙和帽子的廚師。《*Punch*》1882 年 9 月 16 日刊載。1898 年。

超級厭惡的女僕帽

瑪格麗特．鮑威爾從當廚房女僕那刻起，對女僕帽除了厭惡還是厭惡，所以晉升到廚師後，她就堅決不戴帽子了。

「她想要我戴上帽子，我拒絕。帽子象徵一種僕從關係，好像可以擊垮我的感覺。這和護理師們戴上帽子的意義完全不一樣。總之，我就是不戴那種令人毛骨悚然的東西。即使吉布森卿夫人不喜歡我的行為，也拿我沒轍。」

瑪格麗特對袖子也是我行我素，還把印花質地洋裝改成五分袖。夫人見狀，於是拿了帽子以及可以遮住手腕到胳臂的白色廚師袖套來給她。

「『戴上這個，如果剛好要到前面玄關招待時，看起來比較舒服』夫人這麼說。這個人根本不是想要讓我舒服。真正的用意，只是（她）自己比較舒服而已。所以，我只回『謝謝夫人』，然後收下，塞進抽屜。不用說，我連一次都沒戴過。」

在不受主屋注目的洗濯室裡，似乎比廚房更具有自主獨立的選擇權。第二次世界大戰前，在柴郡萊姆莊園工作的洗衣女僕伊凡．威爾頓（Eva Walton）說：「我從開始就不穿黑色褲襪。之後，洗濯室裡就再也沒人穿黑褲襪了。」厚羊

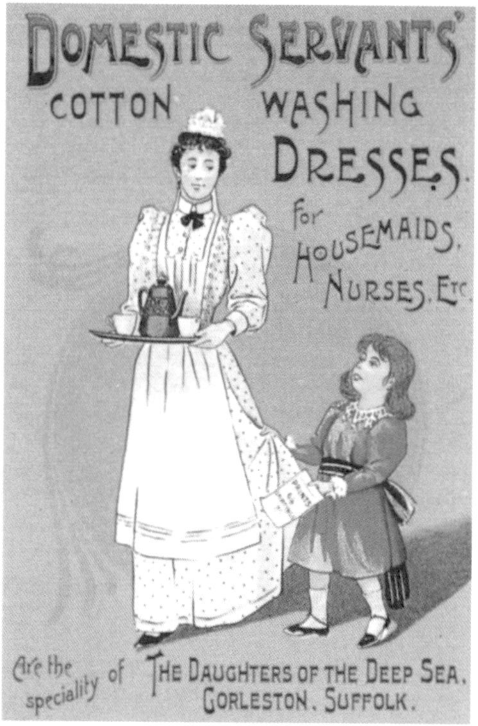

「女僕專用，可以洗濯的棉服」的廣告。以前衣服是客製化，自己買布料裁縫是主流，到了十九世紀後半，因機器普及化，成衣就上市了。1890 年代。

毛的黑褲襪是女僕們的憂鬱來源，她們嚮往的是有顏色的輕薄棉或上等絲質褲襪。至於帽子，「家事女僕是不得不戴的，但我們當然是絕對不戴。」她這麼說。

帽子是一種僕從的象徵——不得已才去當女僕，卻因此成為眾人口中女僕的共同點。一九一四年出生，在科茨沃爾德（Cotswolds）小別墅當女僕的溫妮弗雷德・弗利（Winifred Foley）也有相同感受。

「一旦戴起帽子和圍裙，就清楚知道自己是卑微的奴僕身分。自己的立場就是一個什麼都不是的人，像是被遺落在架子最底層，賣不出去的東西般地存在著。」

從戴上帽子那刻起，就是僕人生活的開始。然而結婚就能摘下帽子嗎？即使是不戴帽子，就真能歌頌自由嗎？爬到職位頂峰，掌握鑰鎖串後，往後的人生就能釋懷地戴上帽子繼續生活了嗎？對制服的態度是女僕們的工作觀，或許可以進一步來說，那是一種人生觀的表現。

（左）水珠樣式的平紋細布帽、亞麻質料護理師帽，帽子後方的緞帶建議「可以垂掛於背後或綁在頸上」。

（右）哈洛德百貨（Harrods）目錄（1895年）。「時尚感帽子」、「新型帽子」、「能清洗帽子」、「刺繡圍裙」等等。

軟棉布到底是什麼布？

女僕們的日常衣服到底是什麼質料呢？如果閱讀約一百年前的小說、自傳和家事手冊等等，便能看出人們的服飾會依其所屬階級、用途，區分為各式各樣的材質。那麼發揮想像力來感受那顏色、手觸的感覺吧！

莫塞林紗織（muslin）

細密平織的羊毛或棉質布料。質地相當輕薄、柔軟，且具透明感。淑女的家居服裝和洋裝，女僕們下午用的帽子和圍裙都是使用這種布。在日本，モスリン指的是羊毛；在歐美，則專指棉布，無一例外。

嗶嘰（beige）

斜紋綾面的綾織布。通常是精紡毛紗製。當時，廣泛用於日常穿著的衣物上。作為女僕下午用制服，還有年輕女孩外出服的「藏青色或灰色的嗶嘰」，被認為是明智、合宜的質料。現代學校的制服也常使用這種布料。

淑女準備一身亞麻的寬鬆內襯新嫁娘行頭。滿滿的蕾絲、絲襪和服裝，都是女僕們不敢奢望之物。

緞（satin）

繻子織。光滑柔軟，表面大多具有光澤。絲緞最具高級感，傳統的上流階級常用來作為晚禮服的質料。

塔夫塔綢（taffetas）

琥珀織。平織布料，具有光澤和張力。絲質塔夫塔綢常用來做衣服。由於縱橫面交叉使用不同顏色的線來織布，會出現忽綠忽紫的閃耀色彩。

PK布（piqué）

粗綾紋的棉布。肌膚觸感柔軟，適合夏天。大多為白色或淡色系。用於護理師的上午制服。

荷蘭布（holland）

棉麻平織，厚且細緻的布料。原色為白色，可將其染成深色或條紋來使用。用於女僕們進行打掃、清除髒汙等工作時穿的圍裙布。

粗麻布（hessian）

麻、黃麻等織成的堅韌布料。是網眼粗布料的別稱。用於布袋或重勞動工作時穿的圍裙。

不織布、地布（base）

類似厚毛氈起毛球的布料，以綠色居多。用於撞球桌或牌桌的桌面。張掛於區分僕人空間的門口處或管家和男僕人擦拭銀器時，大圍裙所使用的材質。

第一份薪水和用法

「我的第一份工作是照顧一歲半女娃的育嬰女僕。年薪十二英鎊。提供食宿。也就是每週有五先令的收入，全部都是屬於我的，覺得自己很有錢呢！」

一九〇一年出生於多塞特郡的朵洛西・富治[11]，十三歲從學校畢業後，立即開始工作。但是那份覺得「很有錢」的感覺並未持續太久。她在工作地點不幸得了白喉病，入院住了二個月後，便回到自己家中調養。痊癒後，她轉到別的家庭中工作，領取和之前一樣的薪水，不過這次改當接待女僕。一九〇一年代初期，年薪十二英鎊是沒有工作經驗的女僕的一般薪資，所以這樣的薪資算是中等水準或稍微好一點的。

倫敦的合作社商店。所謂「合作社」是 1884 年在倫敦羅奇代爾（Rochdale）城產生的制度。由會員出資，以共同買進來提供價格便宜且安全的商品為目標。

鄉下小村莊裡，兼具郵局和雜貨功能的「村商店」是唯一的選擇。麵包、起司、培根、緞帶、鞋子等等，集結了豐富的生活用品，也能打電報、寄錢、存錢。詹姆斯，查爾斯(James Charles)〈Village Shop〉1887 年。

比這更早之前的一八九〇年代。在大家庭當第八家事女僕的艾蓮，年俸是四英鎊。從開始工作後的第三個月，她就獲贈一枚金幣（一英鎊二十先令）。當時的薪水原則上都是先工作後再支付。一直到十九世紀前半葉之前，支付的方式是採一年一次，之後增加了按季付款的方式，到了二十世紀，每個月領薪成了主流。艾蓮的兒子，日後成為管家的亞瑟・英齊（Arthur Inch）這麼說：

「母親應該覺得自己是這個世上過得最幸福的女士吧。那時候給的都是一便士或二便士這種銅幣而已。」

一九一三年，溫妮芙瑞德・葛雷斯十四歲，初就職時，約與朵洛西・富治同時期，但她的薪水更少。面試後，回到家裡跟弟弟說「**一週只有一先令，沒辦法呀，還是要去，我應該不會工作很久吧！**」她的年薪大約二英鎊十先令。

某個女孩拿到五先令就覺得自己是「**有錢人**」，有女孩「**初來乍到，就有一枚金幣**」；有的孩子卻只能拿到「**僅一先令**」的報酬。十三歲少女的身價，到底值多少呢！

我們來看看她們服務的家庭收入到底如何。從查爾斯・布思（Charles Booth）於一八八九年到一九〇三年這段期間所發表的調查報告中得知，勞動男性若想獲得讓妻子和數名子女不愁吃穿的生活收入，每星期至少要有二十二先令以上。二十二先令對於一個勞動階級來說可

以王室為首，提供上流階級御用等級的高級食材店「Fortnum & Mason」。位於現在倫敦的高級地段——皮卡迪利（Piccadilly）。1886 年，美國著名食品製造業亨氏（Heinz）來訪。

是相當寬裕的。溫妮芙瑞德的一先令或朵洛西的五先令，相對來看就只是小費程度而已。連半人份都不足。不過，薪水行情會因職種、技術純熟度，或是地方而有很大的差異。在牛津郡鄉村度過少女時代的芙蘿拉・湯普森回想，一八八〇年代農夫的收入為一星期十先令。村舍租金則從一先令到二先令六便士不等。

「九〇年代初，生活變得稍微有趣。每週薪資提高到十五先令。然而，另一方面因物價也上漲，想要的東西越來越多，所以增加的收入也隨之消失了。」

麵包、肉類、衣服等等這些生活必需品，大量生產並以便宜的價格賣出，且因鐵路等運輸工具發達便利，從這些林林總總的結果來估算，這時期的物價平均水準其實是下降的。然而現實生活卻是辛苦的！一般家庭孩子雖多，但幼兒死亡率也高。如果能平安養育長大，孩子們的幫忙多少能讓父母親稍稍喘口氣。

蕾絲裝飾的長襪，價格從七先令六便士到十五先令以上。「哈洛德」百貨目錄（1895），這是針對淑女的高級品。女僕應該買不下手。

雜誌記事〈近日之女僕〉。穿著舊式長外套，手持雨傘，前額放下醒目的紅髮瀏海，戴著在「倫敦白教堂區流行的羽毛帽」的女子。即使會在面試時被拒絕，也要堅持這樣的復古時尚風情。《*Cassell's Family Magazine*》1894 年刊載。

哈洛德百貨的食品樓層。以法國樂蓬馬歇百貨（Le Bon Marche，1852 年）為開端，十九世紀後半葉在英國誕生許多「百貨店」。囊括了服飾、家具到食品等眾多商品，標價販售。

於是，女僕們第一次拿到微薄薪水之後，最先想到的是將它寄回家裡。特別是遇到一家之主——父親不斷失業的情形，開始工作的孩子對於自己能支撐家計抱著強烈自傲的責任感。一八八四年，某個領取三個月份薪資三英鎊的接待女僕，就把第一次收到的三枚金幣放入信封，寄回了家裡。

廚房女僕卡羅琳・帕瑪爾（Caroline Palmer）全身過時的時尚裝扮，戴著花邊麥稈帽，身穿鮮亮的洋裝，手套上戴著手表。1906-1915 年，在「布洛斯沃斯廳」工作。

英國舊幣制

2011 年時，英國的貨幣是 1 英鎊＝ 100 便士，但 1971 年以前換算的舊單位，並不是十進位法。在此，將維多利亞時代到二十世紀上半葉之間，流通的幣制以對照表方式整理如下。

【幣制單位】

1 英鎊＝ 20 先令＝ 240 便士

【貨幣等級】

幣名	金額	種類
畿尼（guinea）	21先令	金幣
索維林（sovereign）	1英鎊	金幣
半金鎊	10先令	金幣
克朗（Crown）	5先令	銀幣
半克朗	2先令6便士	銀幣
弗羅林（florin）	2先令	銀幣
先令	1先令＝12便士	銀幣
六便士	6便士	銀幣
格羅特（groat）	4便士	銀幣
三便士	3便士	銀幣
便士	1便士	銅幣/青銅幣
半便士	1/2便士	銅幣/青銅幣
發及克（Farthing）	1/4便士	銅幣/青銅幣

11 朵洛西・富治（Dorothy Fudge），一九〇一年生於多塞特郡。十三歲成為育嬰女僕，二十歲左右轉任接待女僕。一九二九年，結婚後離職。當地出版社為其出版自傳《*Sands of Time*》（一九八一）。

興奮購物去

拿到薪水後，如果有餘裕就是將錢存起來。有戀人的話就當結婚資金；如果突然失業，必要時也可以作為備用金。在蘇格蘭麥德森宅邸當家事女僕的貝蒂‧溫妮（Betty Winny），就下定決心改喝不甜的紅茶，將買砂糖的錢存起來，當作儲金。

雖說如此，但如果有錢，想買的東西不外乎是衣服、鞋子、帽子，還有緞帶吧。絕對不會是工作服和圍裙那類，而是出外郊遊時想穿的可愛衣物。一八九六年四月四日號《*The Girl's Own Paper*》雜誌上，刊載了一篇購物文章〈年輕女僕該買些什麼衣服呢？〉對初次擔任女僕時，必須準備的制服、圍裙、內衣之類的布料，和鞋子、手帕等小物，均列舉出各類物品的金額，如果全部備齊之總額約需要三英鎊十一先令四便士又三發及克。另外，要入手的必備商品還包括外出用帽子、上衣、衣領、絲襪、緊身褡和便帽等。**「為了去教會或放假日外出時，能擁有一件明亮色彩的外出洋裝是令人開心的。但還是以必需品為優先考量」**——作為少女雜誌標榜的文章內容，可謂完全說中了少女心。

雇主們並不喜歡女僕們過於裝扮，他們嚴厲斥責那是墮落的開始。漂亮帽子、絲襪與女僕的身分地位不相稱，被歸類是輕挑的打扮，只有黑色系服裝才能被讚譽有加。就算如此，女僕們對於購物一事還是興致勃勃。一九三○年代，成為女僕的愛蓮‧湯普森這麼說：

「至今仍清楚記得第一次出門到萊斯特，自己買下斜紋軟呢套裝的事。到現在都還歷歷在目喔。」

「薪資一年 40 英鎊，制服 2 套，帽子 2 頂，三餐提供肉和啤酒，而且必須去教會。」要求額外待遇的男僕人。《*Punch*》1848 年 9 月 16 日刊載。

從黑色到灰色、深藍色、棕色，不久，邁向具「人氣」色彩的服裝。從羊毛到棉布，嚮往著有朝一日能穿上絲襪。也許，在穿上絲襪之前，尼龍時代就來臨了。不論如何，當她們與周圍的人聊到錢包積蓄時，放在床底下的箱子內，錢正一點一點地增加呢！

十九世紀末女僕的年俸

1890 年代 商務部對女僕的薪資調查

職種	年齡	倫敦薪資	英格蘭和威爾斯薪資（倫敦除外）
雜務女僕	19	12.4	10.7
洗碗女僕	19	13.7	13
廚房女僕	20	16.6	15
護理師兼家事女僕	21-24	14.9	16
一般女僕	21-24	14.9	14.6
家事女僕	21-24	17.5	16.2
護理師	25-29	21	20.1
接待女僕	25-29	22.2	20.6
洗衣女僕	25-29	27.3	23.6
廚師	25-29	21.8	20.2
貼身女僕	30-34	28.1	24.7
廚師兼女管家	40-	41.6	35.6
女管家	40-	34.3	52.2

（年薪，單位英鎊）

資料來源：Pamela Horn《Rise and Fall of the VICTORIAN SERVANT》

初次到「二流職場」會受限於既定的低薪，唯一的選擇就是累積工作經驗以求日後再轉職，那麼認真工作得到的報酬是如何呢？一八九〇年，根據英國商務部特別針對大多數中間年齡層的女僕年俸平均額之調查表，如上表。

和父親一樣，女僕的工資也會因地域而有所差異，倫敦通常較高。但女管家、護理師兼家事女僕的情形正好相反。在大多數的都會小家庭裡，女管家只是個美名，實際上就是個一般女僕。比起一般女僕和雜務女僕，家事女僕的工資稍微好一些；而接待女僕若年紀稍長，待遇似乎也會比較好。

瑪格麗特·鮑威爾第一次就業地點是在自家附近，為了找到更好的職場，她不顧家人反對，轉職到倫敦去。珍·蘭尼從洗碗女僕轉為廚房女僕；蘿絲·哈里森則從照顧年輕小姐到成為服侍夫人的貼身女僕，都是透過經驗的累積往上晉升。從平均工資的調查結果來看，女僕們為了賺取更高的待遇，會隨著年齡的增長而轉換職場。

整體而言，比起中產階級家庭，地主或是貴族的大宅邸工資報酬較高。經濟條件不充裕的中產階級女主人，對待像朵洛西或溫妮芙瑞德那般無工作經驗的少女，通常會在一定期間內更換成新人，藉以控制支出；若是手頭寬裕的雇主，則會留下經驗豐富的成熟僕人，並提高工資。性別也占了相當大的因素。舉例來說，跟著夫人的貼身女僕與照顧男主人的隨從雖然工作業務相似，但後者的報酬是前者的二到三倍。

一八七二年，位於英國南部薩塞克斯的佩特沃斯宅邸，雇用了三十四個室內僕人。這是富裕的貴族住在鄉間宅邸的其中一例，可以參考看看他們年薪（下表）。

前來應徵的廚師「我一直在有四個僕人的地方工作。——啊，對了，夫人，我晚上想玩三次的橋牌遊戲。」這也是要求工資以外該享有權益的大事。《*Punch*》1885 年 1 月 10 日刊載。

男女工資之差距

最上級廚師的薪水與總管都是一百英鎊以上，這種令人稱羨的高收入。在佩特沃斯宅邸，一八七〇到一八八〇年這段期間，從位居最上級的廚師到燒烤廚師，和三名甜點師傅均由法國男性擔任。這在其他地方是少見的，可稱得上是由相當奢侈的人員組成。當欠缺首席廚師期間，也會用女廚師來暫代，但這種情況下只支付七十英鎊。若將女管家和總管，還有所有女僕和男僕的金額相比的話，男女之間工資的差距就更為明顯了。最難熬的是最下級的家事女僕，只有八英鎊一位數的收入。能接受這樣金額的兩位家事女僕，應該是剛出社會工作的新人吧。

值得注意的是，總管一百零五英鎊的高額收入，這得用「畿尼」而不是便士來換算。畿尼是一八一三年製造，之後停用的舊幣制單位，雖然不能當作實體的貨幣來流通，但舉凡高級品的價格或作為贈送紳士的謝禮，仍持續

1872 年 佩特沃斯宅邸 僕人的薪資

總管	105
廚師	120
管家	70
隨從	60
副管家（2名）	34、25
導覽人	34
男僕人（3名）	32（2名）、28
燈具管理人	28
總管室雜役	18
燒烤廚師	35
洗碗男僕	35
女管家	52英鎊10先令
甜點師傅	35
洗衣女僕（5名）	25、19、17、14、12
家事女僕（9名）	23英鎊2先令、16（6名）、8（2名）
廚房女僕（2名）	18、12
蒸餾室女僕	14
甜點師傅助手	10

（年薪，單位英鎊）

資料來源：Adeline Hartcup《Below Stairs in the Great Country Houses》

使用這個貨幣單位。一幾尼是一英鎊的一．〇五倍，也就是說一百零五英鎊相當於一百幾尼。在這個家庭中位居上級的僕人，或許因此享有了「領取幾尼的特權」！

同樣是一八七一年的時期，萊斯特伯爵位於諾福克的本宅邸侯克漢廳，支付給法國女家庭教師的薪水是一百零五英鎊。中產階級雇用駐家女性家庭教師的價錢，大約只有二十到四十五英鎊之間左右，伯爵家的薪水待遇果然大氣十足。

不過，這薪水通常都包含了家庭教師的個人治裝費、洗衣費、文具費等等。這些加給中特別著重洋裝的治裝費，畢竟家庭教師教導的是紳士淑女的孩子，她們自己也得是位淑女。駐家並提供餐食的工作，雖與女僕同為受薪者，但要求外觀要像淑女那樣舉止合宜，而不是像女僕們般得接受雇主的要求，穿上「恐怖的龍蝦粉紅色棉服」和「不怎麼樣的帽子、圍裙」。

津貼、外快、小費

家庭教師不屑一顧的「津貼」，其他僕人均是欣然接受。名目有啤酒、洗衣費，十九世紀前半葉則為茶葉和砂糖費。有些家庭會配給實物，或是支付相等金額的現金。如果是提

「佩特沃斯宅邸」的男僕人們。身穿白色服裝是主廚，站在主廚後面打黑領結是副管家，白領結則為僕人，站在右邊穿著西裝的男性則是總管。1870 年。

利用等待淑女們去觀賞植物園的時間，隨扈者沉迷於賭博。即使薪水夠好，仍有不少男僕人會把錢花在飲酒、賭博上。《*Punch*》1858 年 6 月 26 日刊載。

供實物的家庭，會交由女管家來負責，每週固定一次，從倉庫提取貨品發配給員工。

以前，大多數鄉間宅邸的腹地內都擁有釀造場，在管家的指揮帶領下釀造啤酒。習慣上會讓僕人當飲料來飲用，也會大方地提供給在屋外工作的勞動者，或是前來送貨的業務人員。

有些家庭會有輸送管連接釀造場，或在僕人廳放置酒桶，早餐、午餐、晚餐，讓愛喝啤酒的人無限暢飲，但也有對酒精嚴格控管的雇主。

一九〇五年，威爾斯地主的愛丁格宅邸，一品脫的啤酒（英國一品脫有五百六十八毫升）相當於二．五便士到三便士的價格，僕人可以自由飲用。提供「啤酒費」津貼的額度依地位而不同。管家一週八先令，家事女僕和接待女僕四先令，最年輕的女僕和打雜男孩，則為二先令。

不過到了十九世紀末，特別是中產家庭，

女僕「詹姆士，你從北方回來後，就不太有精神，怎麼了嗎？是天氣，還是景致的關係？」
男僕「瑪麗亞，比那更糟啊，是啤酒口味不一樣啦！」看來狩獵季節隨主人外出時，對當地提供的啤酒不太中意。《*Punch*》1890 年 9 月 15 日刊載。

家庭教師「查理，你手上拿的那三樣東西是什麼呢？」查理（神遊中）「世界、肉和惡魔。（源於英國國教會祈禱文）」長期照顧孩子的家庭教師，穿著一點也不遜色於淑女。《*Punch*》1871 年 8 月 26 日刊載。

均將支給啤酒費津貼的習慣廢除了。因為當時注意到勞工飲酒過量的問題進而倡導禁酒運動。隨著時代演進，自製啤酒已成為過去產物，取而代之推廣的是茶葉。茶葉到十九世紀初都還是高價商品，直到大量輸入印度錫蘭紅茶後，茶葉價格才降低，成為國民的日常飲品。

遇到雇主暫居他處，有些僕人未被解雇而留下來看守房子的情況時，為了給僕人買餐食，雇主會提供「食宿津貼」。一八九〇年代，佩特沃斯宅邸女僕的食宿津貼為每星期十一先令六便士。

貝德福德公爵（Bedford）的根據地——沃本（Woburn Abbey），即便家族外出不在時，也照樣支付僕人的食宿津貼。這裡的所有女僕，每星期還有砂糖費六便士，食宿津貼九先令六便士。最下級的家事女僕年薪十二英鎊，但光是基本津貼，就大大超過年薪總額了。

女僕們的副收入，除了津貼外還有其他「外快」和小費。有權決定配送業者進出買賣的人，可以從業者那裡拿到「佣金」或「回扣金」等名目的現金。家裡清出的廢棄物、廚師的廢棄牛油，管家或小廝使用的燭台、空酒瓶、軟木塞等等，都可以賣給定期來回收的舊物業者，

女僕「最近牛奶變稀，我得跟夫人報告這件事。」牛奶配送員派克「是啊，這種天氣乳牛也口渴著，很可憐啊。」加入添加物用水稀釋的食品，大行其道。不得不制定法規約束。《*Punch*》1885 年 8 月 8 日刊載。

「要來個麻雀草（sparrow-grass）嗎？——哎呀，不好意思應該說蘆筍（Asparagus）。」前者是沒受過教育者的說法。流動小販定期會來到路口販售麵包、肉、魚、蔬菜等日常食材。《*Punch*》1870 年月曆。

以換取小錢。貼身女僕或隨從自主人那收到的舊衣服，可以留著自己穿或送給家人，當然也可以變賣換取金錢。

廚房女僕和洗碗女僕費心剝開的兔毛皮，亦成為她們的收入。根據珍．蘭尼的回憶，一九二〇年的兔皮毛是四便士，野兔皮毛則可以賣到一先令，但收購者通常會仔細檢查是否有損傷才會給錢。一星期要處理二十四隻，所以**「那會讓你成為有錢人喔！」**

護理師帶著照顧的孩子去受洗時，是有小費可拿的。還有，留宿客人會給家事女僕小費，安放在枕頭下。不過，一般都是分配在「正廳」的管家、隨從、僕人，這些直接與賓客接觸機會多的男性工作人員，較能期待從賓客身上拿到高額的小費。

不少雇主會在聖誕節贈送半克朗到十先令、一索維林、五英鎊紙鈔。再加上制服專用布料、圍裙等等，提供實物往往會引起贊同反對兩極的評論。貼身女僕蘿絲．哈里森每年會從夫人那挑選出如**「維吉尼亞治的生火腿」**、**「物質短缺時，則是尼龍蕾絲袖口」**這樣的禮物而開心不已。不過，她剛到克萊夫登（Cliveden）第二年冬天還不是貼身女僕時，就親眼目睹圍繞著禮物發生的大慘事。

「那袋子放到馬車後面堆放起來剛剛好。你們當中誰去坐駕馬者旁邊吧。」夫人自己跟合作社購買大量物品。對於僕人和當地食品店聯手而賺取「外快」一事，讓主人相當不悅。《*Punch*》1873 年月曆。

對長期光顧的食品店店員說「今天早上什麼都不需要了喔。夫人已經向合作社寄出購物清單了。」要從以前就有的到府訂貨制度，改為郵購了嗎？《*Punch*》1877 年 7 月 28 日刊載。

蘿絲・哈里森服侍的阿斯特卿夫人是個喜愛大帽子的人，只要出國就一定會購買超過一定的數量。為了和員工分享她對帽子的狂熱，夫人決定送帽子給女僕們當作聖誕節禮物。但接收到指令的私人祕書卻思慮欠周，為所有人買了相同款式，只是顏色和尺寸不同的帽子，而且二先令十一便士的價格標籤還原封不動的附在上頭。這讓僕人們憤怒至極，差點引來僕人廳的暴動。但很快地僕人之中開始有人作怪、玩弄，故意戴起帽子來遮住眼耳，或是掛放在頭後面。男僕人則調皮地用帽子來模仿阿斯特卿夫人的模樣。最後乾脆弄成足球丟到暖爐裡燒掉。

The "Lilian" smart Toque, in black spangled net and sequin wings. From 15/6.
The "Evelyn" Hat, in lilac satin, fancy straw, trimming lace, and French rose. From 2 guineas.
The "Beatrice" Bonnet trimmed with pansies and feather aigrette. From 21/o.
The "Princess May" Bonnet, in bright crimson straw, trimmed ribbon and an ivy mount. From 21/o

「哈洛德」百貨 1895 年目錄。淑女帽。大量使用人造花、羽毛、蕾絲、緞帶。1-2 畿尼。當時流行戴上如鳥標本般的帽子。

THE ENGLISH HOUSEKEEPER
STORE ROOM

管家是保管放置茶葉、砂糖、香料、果醬、甜點等等物品的倉庫負責人。上鎖的倉庫，任何人都無法進入。安妮・柯比特（Anne Corbett）《*The English Housekeeper*》扉頁插圖。1851 年版。

損壞東西的賠償

女僕們遇到的不全然都是大方給予津貼的家庭，有時弄壞東西仍是會從微薄薪水中扣錢的。根據維多利亞時代的家事手冊規定，未事先通知便扣薪的行為是違法的，然而就一些前女僕們的經驗談來看，這項規定根本形同虛設。

一九二〇年代，曾擔任過一對老夫婦家中「廚師兼一般女僕」的巴內特（Barnette）夫人回想起罰金這件事，她說：

「有天早上，那個骯髒東西（痰盂）掉下來，把馬桶給弄壞了。太太氣急敗壞，扣了我一星期十五先令的薪水當作賠償（新馬桶價錢一英鎊七先令六便士）。」

或許是她稍有疏忽輕率了。又有一次，整理早餐餐桌時，手一滑讓觀葉植物不小心「飛奔」出去撞到牆壁。接著被停薪兩週。

一九〇六年出生的拉維妮亞也有相同的經驗。她在一個住有三位女性的小家庭中擔任下級家事女僕。一年內，她已漸漸適應寫得滿滿的工作行程。有次端著早餐用的紅茶盤時，因工作過勞而導致的貧血，讓她一不小心從洗手間階梯滾落到廚房。女主人找來自己的主治醫師，卻只是為了確認她有無「懷孕」。為了好好靜養，只好回到老家，「卻沒想到因為損壞物品，而被扣了七

「哎呀，太太！這個損傷慘重。我從接待室搬過來時，就突然掉到地板上摔成這樣了。現在該怎麼辦。」《*Fan*》1878 年左右。

先令六便士的薪水當作賠償，著實地令她感到沮喪萬分。」痊癒後，想換到別處工作，請原來女主人寫介紹信時，女主人詢問她是否想再留下來工作……她拒絕了。當時雇主對待下人那般的態度，讓人失望在所難免吧！

1
2
3

1. 圖中從樓梯上跌落，壓扁小嬰兒的女僕。「徵求體重輕的家事女僕（或者是新生兒）」。黑色幽默的明信片，郵戳 1907 年。 2.「大滿貫啊（Grand Slam）」，摔下樓梯，托盤裡的盤子摔成了碎片。明信片，郵戳 1907 年。 3.「春季大掃除——瑪利亞打破老爺心愛的雕像」。穿著圍裙、工作草率的女僕被責罵。明信片，郵戳 1907 年。

雜誌記事「廚房·麻煩事」，糟糕……，打掃用的手套不小心碰到，讓高處的花瓶掉下來。《*Cassell's Family Magazine*》1893 年刊載。

買腳踏車

女僕這個行業也不全是辛苦難熬，只惹人厭的職場。在這裡也會遇到同僚親切，飲食美味的幸福日子。如果能有台中古腳踏車，休假日騎到六公里遠的街上去溜躂，可說是忙裡偷閒的快樂事呢。

一八七〇年代，一台全新腳踏車的價格大約是八到十二英鎊，一八八〇年代則為四英鎊，這價錢差不多是一個新手女僕的年收入。但十九世紀末經濟大恐慌時，一台中古貨卻只要一英鎊。

這是發生於一九一七年的事。在肯特郡牧師家庭擔任接待女僕的芬妮．烏爾特，戀人威利送了一台腳踏車給她。這是身為園藝師的威利每星期存下十六先令的薪水，狠下心來買的「中古、十英鎊」的車。約會後，在返家的黑暗鄉村小路上，不再是「舊式燃油燈，而是乙炔燈」。如此可使小路比以前安全，只是使用的燃料在燃燒時會發出惡臭，讓人難以忍受。

女僕們長時間勞力工作的惡評，逐年得到改善。休假日和休息時間逐漸增加，也能用走路的方式，出外到遠處。如果能有一些錢，就會想打扮一下，出門逛街去。關於這個，我們將在下一章來看看她們到底是如何度過休假生活的。

「海陸軍商店」目錄（1907年），凱旋社製，手工打造紳士專用，6 英鎊 15 先令。最高三段變速則是 18 英鎊 12 先令。

史丹佛郡夏塔巴洛宅邸，1920-1930 年代，洗衣女僕納斯塔（Nesta McDonald）和她得意的腳踏車。

何時？休假多久呢？

「對牧師家庭的僕人而言，一星期中，最令人期待的是休息時間。每隔一週的午後時光，還有每週一次的晚上自由時間。但年輕的廚房女僕和下級家事女僕，只有每週一次下午二點到四點的休息時間。而且不能因為有事就要求額外的休息。不過，有個例外，說出來可能會讓人訝異，那就是——看牙醫！」

一九一三年起，接待女僕芬妮·烏爾特服侍的牧師夫妻是對非常關心牙齒健康狀態的人，如果以去看牙醫為理由，無論何時都會被允許出門的。但這樣的家庭恐怕是個例外吧！

一直到十九世紀初期，女僕們除了去教會外，幾乎沒有任何特定休假日。然而，隨著時代與時俱進，也漸漸形成了一套固定制度。一八八〇年出版《僕人實用指

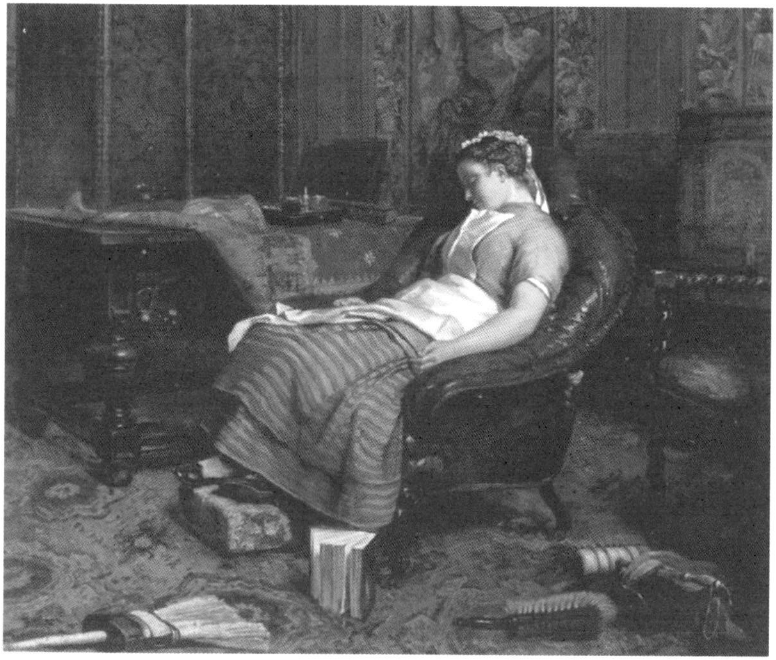

帕特里克·艾倫·弗雷澤（Patrick Allan Fraser）〈怠惰〉，1871 年。模特兒是畫家自己的女僕。她可不是工作中打瞌睡的怠惰者，而是讀了主人所著的「有用的書」睡著的畫面。

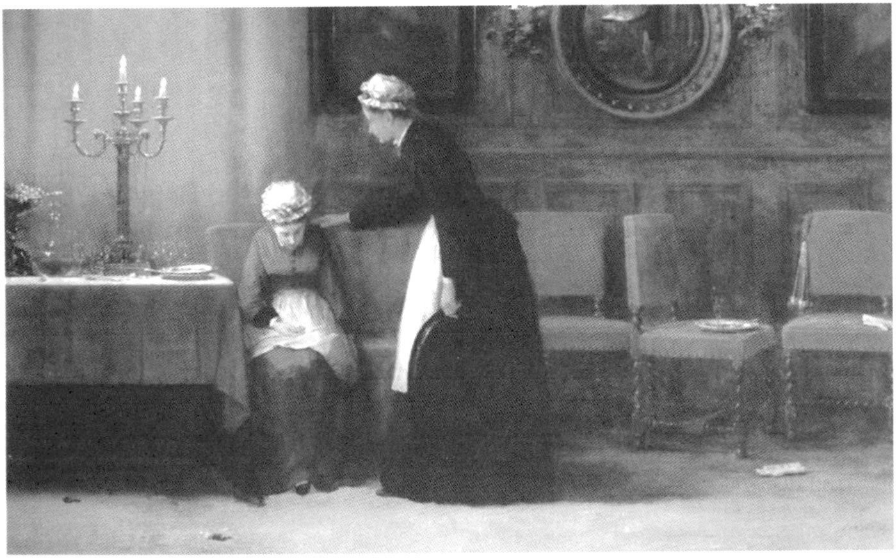

弗雷德里克・哈迪（Frederick Hardy）〈舞會後〉，1876 年。工作累到睡著的年輕女僕和同僚。手套和扇子留在椅子上，看起來是舞會過後。

引》手冊裡規定「雇用僕人時，須明確規定休息日。」──每據同手冊上所載，訂立了這樣的「一般性原則」──每個星期日的早上、下午、或晚上一次，然後隔一星期到教會兩次。每星期一次的下午外出；再加上，允許一個月有半天或一整天的休息日。

要休什麼假，或是允許誰休假，完全都由主人自行裁量。一九〇五年，十三歲成為初級護理師的蘇珊・赫多（Susan Hodor），到處在各個不同的中產階級家庭工作。有一家只有「每天下午兩點，經過花園出去寄信，以及星期日去教會」這樣的外出機會；其他職場是「完全沒有休息時間，如果被看到邊看信、邊回信的話，就會叫你去做針線活或是擦拭銀器。」

一九三一年開始在鄉間宅邸擔任雜務女僕的艾蓮・鮑德森，休假日是「每星期有半天，每隔一星期還可以在星期日那天休息。」這和半個世紀前的僕人手冊所推動的內容，沒太多差異，感覺上似乎還退步了。然而，與其他人所言相對照，實際上這就是當時所謂的一般性原則。

為了與廣大的領地相稱，而興建了大宅邸，住在那裡的人不論要去哪遊玩，首先必須確保擁有「交通能力」。當時在什羅浦郡宅邸工作的艾洛琳，就有這樣的合適條件。

「那時既沒巴士也沒火車，要到布里奇諾斯（Bridgnorth）街上，就得搭便車。當時那個地方還是個小集鎮（market town）。每個星期日下午，會有過半數員工和希望在領地工作的人，乘坐第二車夫的四輪馬車一起外出。二點出門，四點回家。所以，每一星期只可以有兩小時的時間到街上去。」

有些家庭的主人夫婦自己有事要上街時，會詢問僕人廳是否有人要一起搭車。像芬妮那些有腳踏車的人，就不需要考慮交通工具的問題，只要有休假隨時可以遠行。那麼這個便利的發明物到底為女僕的身心帶來多大的自由呢？

1926 年攝於「夏塔巴洛」宅邸前的女僕。這個家庭鼓勵僕人出門去拜訪友人跟跳舞。

「這個女僕討厭生鏽，喜歡亮晶晶。所以每天騎著夫人的腳踏車來來回回。」幽默明信片。1904 年聖誕節用。

1908 年，第三年女僕生活的蘇珊．赫多，換過幾個職場，遇到連「休息時間都沒有」的狀況，好像會騎著腳踏車逃跑。

超過門禁時間

很多家庭必須嚴格遵守九點或十點前回到家的這個規矩。如果違反這規矩，最糟糕的狀況是直接被解雇且拿不到介紹信。樓下的人清楚知道這樣日後會很難找到新工作。但是，仍會有年輕女孩敢破壞這規矩。朵洛西．富治（舊姓派克）回想起：

「門禁，冬天是九點三十分，夏天是十點。有天晚上剛好晚了十分鐘回去，就被鎖在外面了。幸運地，洗碗房的窗戶還沒有完全關上，我偷偷摸摸地爬窗潛入。五分鐘後，聽到太太怒氣沖沖地對廚師說：『派克還沒回來嗎？』廚師因為和我私交不錯，這麼回答：『正在房間啊，她一直在房間裡面啊！』」

其實，朵洛西並沒有一直在房間裡。有時超過門禁時間還沒回來，夫人會從樓上呼叫她的名字，這時其他貼身女僕就會說：「她正在洗頭髮。」用這樣的方式欺瞞掩護過去。當時，朵洛西才二十幾歲，和同僚之間的聯手可說是合作無間。

歷經第一次世界大戰後，一九二〇年代英國遭遇嚴重

桌球是二十世紀初流行的運動。1898 年左右，英國設計出賽璐珞球後，就急速發展了起來。

「扯鈴」於愛德華時代大流行。兩根棒子端綁上細繩，由自己操作把玩。因過度沉迷而把工作拋開不管，當時有不少這類的滑稽明信片出現在市面上。

的不景氣狀況，使得維多利亞時代的優雅品味消失了，空氣中瀰漫著浮躁騷動的氣息。從各種說法和回憶錄中可以看到，入夜後的英國宅邸，女僕們從窗戶潛入的畫面開始出現。

洗碗女僕莎拉・桑德斯（Sarah Sanders）也是一個不太守規矩的人。從一九三六年起，她開始在約克郡地方，哈伍德（Harewood）伯爵的宅邸工作。某個星期六到附近鎮上去跳舞狂歡。那次超過門禁規定時間，不得已只好從某一扇窗戶爬進去——結果那裡竟是管家洗澡的房間！九十二歲的莎拉接受地方新聞媒體採訪時回答說：「**管家相當不高興**」。不過，她好像逃過被解雇這一劫。

就算破壞規矩也想去唱歌、跳舞，那樣的心情比一般人還多出一倍。曾夢想有天能站上舞台的珍・蘭尼和同時期的莎拉一樣，也有超過門禁從窗戶爬入的經驗。十七歲剛到第一個職場時，她這麼說過：「**工作雖然要認真，但只要有空閒，也要認真玩樂。**」

而與她幾乎同一世代的瑪格麗特・鮑威爾卻不這麼想。她不是屬於認真「玩樂派」的人。在倫敦某戶家庭工作的兩年時間裡，從未去旅遊觀光過。喜歡看書的她，曾期待如果能到狄更斯（Dickens）、卡萊爾（Carlyle）、威爾斯（Wells）這些文豪家中參觀，就太好了……。

「**我總是覺得很累。只想去電影院，坐在黑暗角落裡，不會有人注意到我穿著什麼樣的衣服。**」

一年一次盛裝打扮回故鄉

說到注重穿著的場合，大概是想吸引異性眼光的時候吧！不過，對女僕們而言，還有一個非常重要的時刻。那就是一年一次的返鄉。讓自己穿上盛裝，精心打扮，好向家人和附近鄰居炫耀一番。位於南威爾斯偏鄉，一個有十二個兄弟姊妹的老么就很羨慕從倫敦回家的姐姐們。

「姐姐們離家去當女僕，休假日從工作的地方回來。身上除了穿著漂亮的衣服之外，還會搭配其他的飾品。嗯，所以我心裡暗自決定，我如果要離家，絕對不會是因為要跟本地的礦工結婚而離開的。」

女僕們進入色彩繽紛的花花世界裡，若能被周遭的人投以欣羨眼光，應該會感到驕傲吧。當然，仍會一如往常親切地對待自己的小妹妹。十九世紀後半葉，在牛津郡生活的芙蘿拉・湯普森，書寫了關於她的朋友返鄉時穿上的漂亮新衣裳。那是淺灰色的喀什米爾質料，有著白色蕾絲邊領子和袖口，附近的人這麼議論著：

「『克萊，你的洋裝真漂亮耶。』，她冷漠地回答蘿拉，『別說那樣奉承的話。這是為我妹妹莎莉準備的。那孩子什麼都沒有。況且，我穿什麼回來和大家沒有關係吧。也沒人因此感到困擾，對吧！』。實際上，克萊休完假回到工作崗位時，穿的是第二次外出時那件藍色洋裝。隔週星期日，莎莉真的穿上那件漂亮淺灰色的洋裝，出現在教會。」

1｜2

1.「佩特沃斯宅邸」穿著洋裝拍照的家事女僕，姊妹倆穿著整齊一致的盛裝。

2.「佩特沃斯宅邸」的洗衣女僕瑪莉・布里奇斯（Mary Brydges），1894 年拍攝。量身訂做大袖子的套裝，相當有時尚感。

平常休假是「off」，年度休假是「holiday」。原則上，無給職假期有一週或二週的時間，休假時間則沒有一致性。以家事女僕來說，大部分的休假都是在從新年到復活節一直在進行的「春季大掃除」過後。也有家庭會在社交旺季結束後的夏天，讓僕人採輪休的方式休假。不過，不論是哪一種休假方式，都必須配合雇主一家的生活步調。女僕的方便則是其次的考量。

聖誕節和僕人舞會

聖誕節是現代戀人們無論如何都要一起過的節日，但在歐美則是家族團聚的季節。不是吃著烤雞，而是享用烤火雞或鵝。在暖爐前喝著溫熱的酒，彼此互送禮物；那場景，正如狄更斯於《小氣財神》一書所描述地那般永恆不變。書中貪婪的主角史古基（Scrooge）雇用了書記鮑伯·克拉齊（Bob Cratchit），他需養活妻子和六個小孩，一星期卻只領十五先令的微薄薪資度日。小孩中的長女已離家到外面製作婦女帽的店學

主人一家盛情為僕人舉辦舞會。可以看出直接穿著制服參加的僕人和女僕們。

裝飾聖誕樹的習慣源自於德國，由維多利亞女王的丈夫，亞伯特於 1840 年帶進英國。然後從上流階級逐漸普及到一般百姓家中。約在 1860-70 年代左右。那時狄更斯的《小氣財神》尚未出版。《*The Girl's Own Paper*》1881 年聖誕號刊載。

做手藝，雖然從昨夜一直加班到當天早上，但總算能在平安聖誕的晚餐時刻，與家族一起共享喜樂。

對大部分的女僕而言，回家是不可能實現的夢想。聖誕節「家族團聚」真正的歡樂是指「樓上那一家人」，而這並不包含家庭幫傭者。一九〇〇年代，出生於南安普敦富裕中產家庭的女兒——艾迪絲．梅爾維爾（Edith Melville Steele）記憶中的聖誕節：

「女僕們在聖誕節那天不能回家鄉。取而代之的是讓她們享有無上『特權』，看她們被叫到接待室玩『室內遊戲』。我當然不能加入！她們坐在直挺挺的兩張椅子上，讓人看起來真不舒服的情景，現在還清楚地浮現在眼前。」

而服務於最上層貴族或地主大宅邸裡的僕人，境遇就截然不同了。女僕們可盡情享用由上流階級雇主所招待的盛宴和禮物。巴斯侯爵的根據地——朗利特大宅邸，在聖誕節

將大量的水果乾、堅果、奶油、小麥粉等攪拌混合蒸熟，即完成濃郁的聖誕布丁。添上白蘭地酒、點火，再送上桌。《*The Girl's Own Paper*》1881 年聖誕號刊載。

在裝飾聖誕的槲寄生飾品之下，好像可以不受拘束地親吻任何人。那女僕對同僚僕人……。明信片，郵戳 1905 年。

當天，會專為僕人們舉辦舞會。按照慣例會由侯爵本人和女管家、侯爵夫人和總管，成雙成對地進入舞池，為舞會的第一支舞開場。女僕們也會在石砌的中庭來回舞動。

波特蘭公爵（Earl of Portland）的韋爾貝克（Welbeck Abbey）宅邸，僕人的舞會於十二夜（一月六日）在宅邸著名的地下舞廳舉辦。所有僕人、租借領地的租戶及其家屬，參加者高達一千二百人。當天會臨時雇用五十位服務生，讓員工們可以徹底解放，不需做事。據費德列克描述，大家穿起時髦的舞衣，家事女僕頭上繫著絲絨蕾絲，女管家則穿上低胸的藍色緞質洋裝。

「這一晚，當我環顧周遭每個人時，發現他們個個展現出開朗活力的新性情。更不可思議的是，我們看到了彼此不是身為僕人的另一面樣貌。」

公爵夫婦於舞會開始時現身，過了十二點左右便會離席，整場宴會將持續到深夜。黎明來臨之際，「仙杜瑞拉們又要開始全力工作的日子，得向一年中最刺激興奮的舞會，作一個深深的告別。」寬厚的公爵夫婦會在那之後離家去拜訪友人，好像在跟費德列克說，等我們回來後就要恢復日常狀態喔！

節禮日（Boxing Day）

一九一〇年代，除了公爵家、侯爵家，肯特郡地方的牧師家庭也有一些禮物分送給僕人。芬妮．烏爾特的戀人威利園藝師拿了柊樹葉和常春藤裝飾樓上客廳後，多餘的葉子也會拿到僕人廳擺飾。白天也會招待大夥享用烤火雞、聖誕布丁（Christmas putting）、肉餡餅（Mince Pie）、水果和堅果等食物。然後另加犒賞十先令的獎金。之後就是開始忙碌樓上的晚宴，以及清洗宴會後留下的大量餐盤。為這些忙碌的女僕們提供一點娛樂的，是隔天的節禮日（Boxing Day）。往年，都是把魔術師找來家裡，由穿著正式服裝的主人夫婦和友人，再加上僕人一起欣

1914 年冬天於「布洛斯沃斯廳」拍攝的照片。中間的男性是管家，左邊算來第二位是廚師。女管家為何要抱著狗坐在雪地呀！是在玩雪嗎？

賞同歡。

所謂「節禮日」是指聖誕節隔天。如果節禮日是星期日，隔天星期一則定為英國文化日。節禮日之起源，有一說是教會會於當天打開奉獻箱；另外也有這樣的說法——延續於每年贈給僕人、郵件配送和送貨業者禮物（Christmas Box）的這個傳統習慣。

回到上段所提到的芬妮工作地——牧師家庭，每年一月各地都有為僕人準備的正式聖誕宴會。只有這時候，主人夫妻會自己處理一切事務，讓僕人心無旁騖的盡情玩樂。從事戶外工作的園藝師夫妻和實習的年輕男孩同樣也是接受款待的對象。

芬妮還沒來牧師家庭工作之前，曾發生一件事。威利在宴會那天帶了一位「年輕小姐」來參加，是個非常靦腆和善的「女朋友」，現場沒人知道她是誰，威利遭遇前所未有的拷問。宴會最後，謎題終於揭曉。「小姐」本人是實習園藝師之一，名叫弗瑞德的少年。調皮搗蛋的威利借了假髮和衣服給弗瑞德變裝，此舉讓威利贏得滿堂喝采。聽聞這個趣事後，每年僕人宴會時都會被拿出來調侃一番。

也有慷慨大方的主人，一年不只為僕人舉行一次舞會。舉凡主人生日、結婚典禮、結婚紀念日、小孩成年禮，這些具意義的日子，除了樓上之外，也會為樓下舉辦舞會。位於柴郡的宅邸，萊姆莊園準備的社交廳裡，可以跳舞、打桌球、射飛鏢。因為莊園主人非常熱愛板球（cricket）運動，每次招募園藝師時，雇人廣告上都會加這句「會打板球者優先」。有的家庭則會在僕人廳放一架老鋼琴，或讓他們到海邊及名勝古蹟野餐郊遊。

正如雇主所願，極盡奢侈地為僕人辦舞會和舉行休閒娛樂，為的是培養員工的忠誠度和蓬勃朝氣。過於習慣奢侈生活，便不再有戀眷思鄉的心情。然而不管是多麼地奢華，從十九世紀後半葉到二十世紀初仍不斷出現僕人短缺的消息，讓雇主們對僕人的福利更加關注。

活躍於「萊姆莊園」板球活動的總園藝師，費德瑞克·吉布森（Frederick Gibson）。和主人們一起打球。

小孩成人式。1910 年，位於柴郡的宅邸「萊姆莊園」為男爵兒子舉行成人式宴會，當時的成人年齡是 21 歲。當天會點燃篝火，與領地居民飲酒同樂。

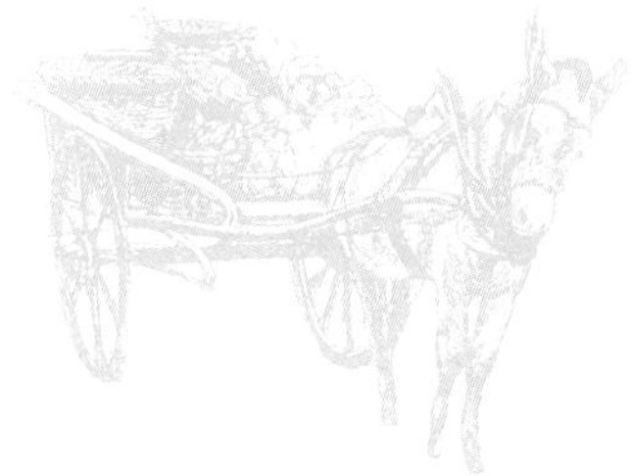

「這個機器，會把老爺説教的內容原封不動地呈現出來。」1877 年，留聲機「Phonograph」蔚為風潮。當時款式是愛迪生圓筒式，日後敗給 1887 年發明的柏林圓盤式留聲機「Gramophone」。《*Punch*》1878 年 4 月 6 日刊載。

創造各種不同歡樂的惡作劇

主人提供的一流娛樂，沒有太多討價還價的空間。但如果是自己和同僚之間的玩鬧，就可以稍稍地違反規則，進而增添不少樂趣。

一九〇〇年代，在愛爾蘭的宅邸當僕人的喬治・斯林斯比和同僚學會了游泳。因為沒有泳衣，只好到遠一點的河中裸泳。但是當他上岸時，河邊只剩一條浴巾，脫下的衣服全不見了。被偷了！他只好用樹枝遮掩，狼狽地走了五公里遠的路回去，經過花園草坪時，拚死地往前跑，再直接衝進裡面樓梯時，就在那裡，看到被偷的衣服堆成一團放在樓梯上。一旁的兩位育嬰女僕早已笑得人仰馬翻。她們帶孩子外出時，突然看到喬治在游泳，於是靈機一動把他的衣服順便帶走。或許事後想起，自己也會覺得有趣好笑，但那當下，對還不到二十歲的喬治來說，女僕們的戲弄大概讓他很不舒服吧。

僕人們搗蛋的才華也是不遑多讓的。一九三〇年代，在蘇格蘭的麥德森宅邸當家事女僕的貝蒂・溫妮，把弄得粉碎的木薯放入男僕人的床單裡。要把它們去除乾淨，恐怕要費點功夫，這可是相當麻煩的。因為當時她晉升到家事女僕長職位時，沒注意到枕頭裡被人放入麵粉，就這樣躺上去睡覺，

著名的側耳傾聽主人聲音的狗插畫，僕人也來加入行列。留聲機公司的廣告，1908 年左右。

手動彈簧馬達式的改良型留聲機。有著牽牛花造型的擴音器。15 英鎊。「海陸軍商店」目錄，1907 年。

隔天早上起床一看，她整個頭髮都白了。

「雖然幾乎沒有休息時間，但歡樂是可以自己創造的喔。」

工作中也能發現令人愉快的事。一九二〇年，在北威爾斯愛丁格宅邸工作的梅姬．威廉和朋友一起進行「春季大掃除」時，在放置不值錢物品的閣樓倉庫裡發現一個箱子，打開一看都是過季的流行衣物。

「那裡面有一件非常漂亮的洋裝。是淡紫色絲綢質地羊蹄袖的洋裝。我們每個人輪流試穿，結果那件洋裝的尺寸只有我合身。我想讓地下室的廚師看看我穿洋裝的模樣，於是戴起帽子、拿著洋傘緩緩走下階梯。可是，走到最下面時，就在轉角處和菲力少爺撞個正著。」

菲力少爺是主人的次子菲力普．約克（Phillip Yorke），那時大約十五歲。

「菲力少爺停下腳步，一直盯著我看。

「這個是樓下拿上來要給僕人用的刷子。可是，今早恐怕太晚了，先拿到樓上稍微揮動一下就好。」休息空檔由自己創造。《*Punch*》1871 年 12 月 9 日刊載。

打雜少年用麥稈搔女僕癢，企圖引起注意。工作中頑皮玩鬧的一幕。

因為他非常彬彬有禮，我也屈膝回禮，然後就轉身卯足勁地逃回樓上。菲力少爺在預定外的時間回家。結果廚師當然沒看到我穿那洋裝的模樣。後來那件洋裝被菲力少爺帶去愛爾蘭，不知丟哪去了。」

「菲力少爺」喜歡舞台劇，於一九三〇年代創立劇團。因為在愛爾蘭各地巡迴公演，或許那件淺紫色洋裝被拿去當舞台道具服了。和歷代僕人相處融洽的約克家族，血脈也不斷地傳承延續著。菲力普．約克直到晚年都是單身，愛丁格宅邸雖由兄長繼承，也同樣和前僕人們保持著密切的往來。

距離梅姬和菲力少爺「紳士與淑女遊戲」的半世紀前，漢娜．庫爾威克和同僚麗茲也玩過「淑女和女僕」的角色遊戲。每當接待女僕麗茲從窗戶探頭看著經過的淑女身影時，便會脫口說出：「如果我是淑女，我也想穿那樣上等的洋裝」。已認同女僕為人生職涯的漢娜，並不苟同這樣的想法。不過，「既然你那麼想當淑女，就圓一下你的夢吧。我就扮演來麗茲家工作的女僕角色。」就這樣真的演起角色扮演的遊戲。麗茲不斷地對漢娜提出問題：「想在廚房做事？」「擅長料理？」「你的前一個工作是什麼？」「有介紹信嗎？」進行面試的例行程序。

「夫人，我覺得薪水十六英鎊剛剛好喔。」漢娜說。

「這樣啊，我，打算給廚師二十五英鎊欸。那表示你不擅長做菜囉，那就不用給那麼多，真是太好了。祝你順利！」

「夫人，真是太感謝您了呀！祝您健康！」

漢娜偶而也會扮演淑女的角色，玩樂一下，直到其他同僚進來，才結束遊戲。這些都是工作中的喘息時刻。

裁縫、編織、閱讀

對大部分人而言，如果沒有能一起玩樂的對象會很寂寞吧，不過也有人喜歡獨自一人的職場。女僕們在工作場域裡，一個人能做的消遣有裁縫、編織或讀書。有的女主人會在廚房擺放書架，上面放著想讀的食譜書、實用書，或成就有用人生的啟蒙書等等。

一九二八年，十四歲的溫妮弗雷德・弗利到科茨沃爾德一位老婦人家中擔任一般女僕。偶爾在閣樓房間裡會發現自己想讀的書，卻因忙碌無暇閱讀而感到惋惜，於是把書拿去藏在廚房的櫥櫃裡。當工作完成一段落，就把臉靠在櫃子前偷偷地看著書。有時看到忘我，沒注意到太太接近，最後只得讓屁股挨打。有次，溫妮弗雷德因為痛到無法忍耐而趴在櫥櫃上哭泣。女主人好像因她大哭而嚇到，對自己打了她而懊悔不已。可是溫妮弗雷德哭的原因，是那時正在讀《湯姆叔叔的小屋》（*Uncle Tom's Cabin*），內心因感動而流下淚來。

在這個與世俗分隔的科茨沃爾德鄉間田園裡，除了美麗的自然景色外，讀讀女主人丟棄的書本，或許是唯一的樂趣了。但在倫敦就有各種不同娛樂。若談到能與看電影相提並論的娛樂，就是能為女僕們帶來片刻抒壓、無憂無慮的愛情小說了。

「假日，會到最近的電影院，看完電影後再購買二手的言情小說。這樣能節省很多體力。我常在想，如果有天夢想中的男人突然

正在讀時尚雜誌的家事女僕（左）與打毛線的廚師（右）。直火燒烤的肉已經焦掉。《*Punch*》1853 年 4 月 16 日刊載。

「應該不會邊推嬰兒車，邊看書吧！」「我嗎？那樣的事從沒有過！」可是，小孩正在模仿身邊的大人……《*Punch*》1871 年 5 月 6 日刊載。

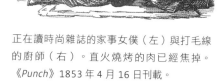

出現在我眼前，我那僅存的能量應該會完全消失吧！」

著迷於「愛情小說」

務實主義者瑪格麗特．鮑威爾也喜歡讀愛情小說，這是十九世紀後期針對大眾開始大量出版的文字媒介之一。上頭大多有著吸引人目光的封面插畫，以單回或短篇連載小說的形式刊登於雜誌上。上流階級家庭讀的《倫敦新聞畫報》（*The Illustrated London News*）、《畫報》（*The Graphic*）一本是六便士；針對勞動階級女性出版的羅曼史，只需一便士或半便士，頁數少，紙質和印刷也不精緻，但是卻可讓沒什麼錢的少女也能輕鬆入手。

《*THE PRINCESS'S NOVELETTES*》、《*SWEETHEARTS*》這些冠上甜言蜜語的雜誌名稱，連內容也不遑多讓地相當甜蜜！〈Kitty A Pastoral〉描述在鄉村做事的女僕和女主人兒子陷入熱戀，最後由伯爵夫人出面作主解決的故事；一八九四年的〈A Lover of High Degree〉中，獵場看守人的女兒於倫敦海德公園被狗襲擊，逃亡之際又被馬踢中，與她相會的帥氣挺拔紳士，實際上是一位公爵……，是一段身分懸殊的戀愛故事。

這類言情小說的內容不外乎是，太太們想把青春年華的兒子或是花心的主人掌控於手掌心之中，而對戀情難以接受答應。

孩子好危險！「不會的，太太。這樣一點都不會影響到我讀書」，當時正流行著內容全是殺人或是戀愛的煽情小說。《*Punch*》1881 年 3 月 19 日刊載。

但也不能因此說，女僕們不想去讀更具高尚品味的書。在附有圖書室的氣派宅邸裡，藏書的量與質，與繪畫、家具同是一種社會地位的象徵。瑪格麗特・鮑威爾喜歡愛情小說，也喜歡閱讀狄更斯、約瑟夫・康拉德（Joseph Conrad）、歐・亨利（O. Henry）這些主流的文學作品。她在某貴族家庭服務時，曾詢問是否可以借閱樓上圖書室的書。夫人有點驚訝地這麼說：

「當然沒問題啊，瑪格麗特。不過——我都不知道你有在看書欸。」

夫人在瑪格麗特服務期間對她特別慷慨，感覺是要讓每個員工注意到：這是一個「真正的貴族」喔。

但不論是多麼好的女主人，她們對於女僕們內心的充實與否，是不感興趣的吧！大多數女僕在休息時間，只會坐著看低俗的愛情小說雜誌。夫人應該從沒想過會有個和自己看同類書的女僕，所以，聽在瑪格麗特耳裡，那真是諷刺之語。

不管怎樣，夫人們好像不太樂見女僕讀實用和宗教類以外的書。馳騁在一個「假如」的世界裡，滋養著幻想，最後會成為一個怎樣的結果呢？想像一個和現在完全不同的世界，可以用自己的力量顛覆「神創造的既定秩序」。而雇主們可能也感受到了那股力量。

1｜2

1. 疏於打掃，偷看小說。這樣的小事會演變成大「墮落」……，醒世故事之教誨。《珍妮初入職場或是人生之教訓》獎勵書之插圖。1881年。2. 價格、印刷或是內容皆廉價的煽情小說，當時被稱為「低俗怪談（Penny Dreadful）」，遭知識分子唾棄厭惡。出自於雜誌記事〈近日的女僕〉，《*Cassell's Family Magazine*》1894年刊載。

郵件送達，夫人只有信。女僕瑪莉則收到定期訂閱的時尚雜誌。
《*Punch*》1861 年 11 月 23 日刊載。

連載小說雜誌《*THE PRINCESS'S NOVELETTES*》〈Kitty A Pastoral〉，身分懸殊的愛情故事。1886 年刊載。

《*SWEETHEARTS*》刊載故事〈A Lover of High Degree—— How Norah Flynn Became a Duchess〉中，蘿拉．福林何時才能成為公爵夫人？身分懸殊的愛情故事。

標題為「為英國女子打造的故事」，「渴望戀情，求愛，然後相戀」的《*SWEETHEARTS*》雜誌。刊載美的祕訣，以及給戀人們的建議。1898 年。

男友被稱為「跟屁蟲」

在倫敦廚房工作的瑪格麗特・鮑威爾，憶起二十世紀初時的愛戀情事，陷入了深深的苦思。

「（女僕）擄獲年輕男子的心，在外會被評價為不是件好事。雇主特別看不得我們談戀愛。認為我們未來的夫婿，隨便在鵝莓樹下挑就有了！」

鵝莓樹下之意就相當於，有小孩問你「嬰兒是從哪裡來的？」你回答「鸛鳥帶來的」，或是「高麗菜田撿來的」那意思。

「小姐們初進社交圈，可以在

在聯排別墅前面的護城壕頂上和配送「瓦斯鋼瓶」的送貨員調情。《*Punch*》1869年1月16日刊載。

警官的攜帶式牛眼燈從馬路照進廚房，那是屬於「我的彗星」。觀測非常明亮的「多納蒂彗星」後，畫下的漫畫。《*Punch*》1858年11月8日刊載。

舞會上與年輕男子相遇；而女僕去私人聚會交了個男朋友，就把男方叫成『跟屁蟲』。我覺得這是輕蔑的話。讓人聯想為了與喜歡的男性見面，得偷偷摸摸地從後面出去，見不得人似的。白天也不能光明正大的和對方見面。到底是為了什麼非得如此呢？雇主為了讓自己的女兒找到金龜婿，設想周到且籌備一切，但為什麼對僕人談個戀愛，就一副萬萬不可的態度呢！」

女僕的男友是「臭蟲」

確實，女主人們很討厭女僕有戀人，且稱呼女僕的男朋友是「跟屁蟲」（follerer），雖然這個跟屁蟲有「示愛」之意，但不管怎麼聽都覺得是「臭蟲」的貶抑。小姐們交往的對象是「求婚者」、「戀人」或者說是「崇拜者」，同樣是男人，卻因階級身分不同而被以不同生物來對待。

夫人們的口令是「拒絕跟屁蟲」。有這項規矩的家庭，若和男性友人出去用餐後，帽子裡偷藏著收到的花，被發現時有可能會被解僱。與維多利亞時代後期的雜誌內容和實用書相比較來看，這項限制好像有逐漸增強的趨勢。

「有跟你說過禁止『跟屁蟲』吧！你來這裡還不到一星期呢……。」「一定是之前的廚師的！」《*Punch*》1871 年 9 月 16 日刊載。

夫人很吝嗇，在意錢，停了瓦斯，也不給蠟燭。不過，有男友的牛眼燈的話，就不是問題了。《*Fan*》1872 年左右。

一八八〇年的《僕人實用指南》中，「在管理制度完善的家庭，拜訪男性友人，也就是所謂的『跟屁蟲』是被嚴格禁止的。（中略）規模大的大家庭一概否認，但小家庭則容許有這個特權。對女主人而言，試圖阻止這件事，只會埋下彼此不愉快的種子。」

同年發行販賣的《卡賽爾家事指南》這樣勸導，「只有極少數例外而已，還是不要享有這樣的特權比較好。『跟屁蟲』這句話的涵義太過廣泛，因為很難在可接受或不能接受的來訪者之間做清楚的劃分，去廚房的訪客就一律接受，去其他場所的人則加以禁止，是相當麻煩難以界定的。」

此外，在這一年前出版的《*Dickens's Dictionary of London*》（小說家狄更斯之子作）裡提到，「嚴格制定了『拒絕跟屁蟲』這規矩，是個大錯誤。不管主人希不希望，女僕現在跟以後都會與男性交往的。」若沒有放棄的跡象。「首先要面對事實」，「事前先確認對方的品性，允許他們在固定的時間約會」，才是「明智的判斷」。

同時期，陳設於書店中有三本內容相近的書，多為描寫夫人的願望——企圖操控女僕行動，與現實紛歧難以實行。在中產階級家庭廚房工作的瑪格麗特如此回憶著：

「夫人可能會這麼說：『如果有喜歡的男性，工作結束後，可以邀請他來僕人廳坐坐聊聊，沒關係喔！』不過，那是騙人的謊話。找個出去寄信的藉口，偷偷爬到護城壕的階梯上，在街角處這些地方見面，有時晚上約會結束回去時，會聽到樓上發出剛進房門的聲音，讓你連跟主人道聲晚安的機會都不給。」

左擁右抱的海軍。左邊女僕穿著稍短的裙子，露出條紋襪。幽默明信片，1915 年。

那麼，在上流的宅邸中情況又是如何呢？《實用指南》寫道，大家庭因為有嚴密的管理制度，所以執行順利。位居上級僕人地位的女管家會要求女僕必須遵守「美德」。卡萊爾伯爵夫人的家事女僕長，會檢查手下的女僕有無每個月清洗生理用的衛生布巾。緊盯著查看女僕們是否有懷孕！

員工的職場戀愛

就算能徹底杜絕跟屁蟲從外面進入，夫人們想阻止家中發生那些讓她們不高興的示愛行動，事實上也是不可能的。如第一章所述，為禁止男女僕人交往，從宿舍分成兩邊到餐桌的座位安排，都是精心設計地試圖將他們區隔開來。儘管如此，員工的職場戀愛仍是屢見不鮮。但未必都是對等的戀愛。有不少是上級僕人對下級女僕的性騷擾。一九三〇年左右，貝蒂．溫妮在蘇格蘭的麥德森宅邸打掃時，管家突然闖入房間，壓在她身上。「我用刷子猛打他的臉，他的臉上都流血了。他卻對別人說是他刮鬍子沒刮好，受傷了。」回想起這段猶如笑話般往事的貝蒂，當時能對誰訴說、和誰商量呢！

假如她當時大聲呼喊，結果可能也是一樣吧。被人認定行為不檢點，最終被解雇的當然是女性。從一八五九年起，在諾森伯蘭（Northumberland）的赫斯利賽德館（Hesleyside Hall）工作，一位名

花園裡，女僕和工作中的男性一起逗弄小狗。明信片，1930 年左右。

女僕一進門，在沙發上私語的紳士淑女迅速分開。她的耳環在他的鬍子上，如果沒人闖入，似乎會有下一步進展了吧。《*Punch*》1871 年 8 月 19 日刊載。

為英格利的管家就與不計其數的女僕有著糾葛的關係。交往對象中一個被解雇，一個懷孕離開，一個因過於迷戀管家，試圖割喉，而遭開除。還有一個為爭奪愛人而自己離職了。引發這一連串桃色風波的英格利，卻以主人「很難找到不喝酒，又有能力的管家來工作」的理由，被繼續留用。

但女僕們也不是省油的燈，她們也會玩弄那高高在上的管家。一九一三年在林肯郡的宅邸擔任第三家事女僕的某位女性曾說：

「每次在樓上的後走道與管家擦肩而過時，他都會親吻我。所以晚餐過後，當大家在僕人廳玩鬧，如果此時管家加入，我都會對他投以微笑。家事女僕長就會說：對著管家笑咪咪，是有好事發生喔。管家大概以為我會散播那個後走道的祕密吧。我才不會呢！」

從各種記載來看，感覺上勞動階級的未婚男女，並不認為彼此親吻是個罪過，且還樂在其中，即使和真正交往對象以外的人親吻，似乎也不算是特別嚴重的問題。高尚優雅的中產階級夫人們就此斷言女僕的輕挑行為，或許只是在男女關係上的價值觀，因階級不同而有明顯的差別罷了。

虎視眈眈的「家族」

即使是大家一起玩樂，若想要明哲保身，不惹出「上述」不堪設想的後果的話，就不僅是員工之間要謹守分際，也必須注意到與樓上人的相處方式。在文學世界裡，從英國最早的書信體小說，即塞繆爾・理查森（Samuel Richardson）的《潘蜜拉；獲得美德》（*Pamela ; or Virtue Rewarded*）開始，湯瑪士・哈代（Thomas Hardy）的《黛絲姑娘》（*Tess of the d'Urbervilles*），以及匿名的情色實錄《*My Secret Life*》等等，都是藉由不斷重複地描述主人誘惑女僕的主題所創作的作品。

現實狀況究竟是如何呢？總體而言，大致上和女僕有接觸的對象都是同階級的男性居多。因此，如文學作品描述那樣「德性敗壞」的形象，並不會真實地上演在每個家庭中。然而，從女僕的回憶錄裡還是會經常出現，「這只是朋友的故事」、「危險的話，要趕快逃啊」這些假藉是他人故事的隻字片語，以及紳士們藉機接近的種種故事。

羅莎．劉易斯（Rosa Lewis）一八六七年出生，日後成為一位眾所矚目的高級飯店經營者和廚師，十二歲便開始全職工作，十六歲起在巴黎伯爵（Count of Paris）菲利浦家中擔任廚房女僕。被稱為美女的羅莎只要回到寢室，一定會把家具搬到門口，築起一道壁壘。因為曾有一次，希臘王子偷溜進去她的房間埋伏等候她，她聲嘶力竭地怒吼，才得以全身而退。

盧克．菲爾德斯（Luke Fildes）〈救濟院臨時住宿處的申請者〉（Applicants for Admission to a Casual Ward）1874年。警察局前，為了住一夜和分到如票根般小塊的麵包，排隊等待的人。如果因不檢點的品性被解雇，最後下場即是如此的模樣。

出自《潘蜜拉》。Mr. B 扮女裝潛入房間一角想引誘女僕潘蜜拉。約瑟夫．海莫爾（Joseph Highmore），1734-35 年。

意外「懷孕」，然後……

瑪格麗特．鮑威爾的同僚，接待女僕安格絲因意外懷孕，被迫離去。那時和她們一起工作的家事女僕葛瑞迪絲，因出生於倫敦市中心的斯特普尼（Stepney），對墮胎的相關知識比她們倆略懂一些。

「去買唇萼薄荷（Pennyroyal，一種香草的錠劑）、Beecham廠的製藥（泄劑）、奎寧（解熱藥）。安格絲在洗手間待半天，就結束了。那麼，下一個指令就是搬熱水到樓上準備泡澡。把瓶裝芥末倒入，直到熱水轉成純黃色為止。這個芥末泡澡，應該要能見效才對。但對安格絲來說，仍發揮不了作用，因為肚子已經過大了。就只剩下讓她搬運重物這個法子了。放假日到公園，爬到板凳上，不斷地跳上跳下。現在聽起來或許是個笑話，但當時她已經嚇壞了呀！之後又讓她抬更重的扶手椅，從房間一角走到另一角。但不管怎麼做，全都沒效。」

安格絲始終不願說出孩子父親的名字，但她不是個會隨便和陌生男子交往的人。結果，白費了同僚的努力，夫人知道後還是解雇了安格絲。不過，仍給了她一個月的薪水，然而，瑪格麗特心中的疑惑終於得到確認。那個年輕英俊、優雅的聲音，肯定是夫人的外甥。曾不知多少次，看過他進出連接女僕寢室內那道被嚴格禁止進入樓梯的身影。然後不久就看到安格絲拿了一件與她身分不相稱的絲質內衣，肯定是男人送給她的禮物。

安格絲是個有夢的女孩。三個人一起去看愛情電影時，只有她會深深入戲。但現實世界卻不似小說般。「鄉下的女僕搖身一變成為伯爵夫人，獵場守護人的女兒和公爵終成連理」，這些都是在尋常人生中不會發生的事。

喬治．艾略特（George Eliot）的小說《亞當．柏德》（*Adam Bede*）其中一幕。勾引地主之子的酪農女僕赫蒂．索瑞爾（Hetty Sorrel）。愛德華．亨利．科博爾德（Edward Henry Corbould）水彩畫，1861年。

男友是軍人？還是警官？

大部分的女僕會希望交往的對象不是瘦弱型的貴族男子，而是能與自己身分相匹配的階級相遇，進而約會，然後結婚。如本章開頭瑪格麗特所言，在雇主監督和長時間勞動的限制之下，要尋覓對象並培育感情是需要經過一番努力的。

以瑪格麗特自己本人來說，年輕時曾聽過某個管家這樣建議，「要想抓住男人的心，就要抓住他的胃」這句話，她一直銘記於心。若遇到喜歡的人要精心地打扮，請他來廚房，施展自己的好廚藝，最後就能得到一個心愛的丈夫。但是「讓男人進入廚房」若沒得到允許的話，是違反重大規矩，會遭到解雇的。

只有星期日來回教會，還有僕人舞會等這類季節性活動時，原則上男人才被允許進出廚房。這些男人當中有女僕時常見到的市區巡邏警員、附近軍營的軍人（不是紳士階級的將校，是一般兵）、送貨的商人和送報紙、郵件的郵差配送員。「和警察、軍人、送貨員調情的輕挑女僕」這樣的形象，在諷刺漫畫、明信片中隨處可見。不禁令人懷疑，這是不是反映出當時真實生活的寫照！不過，也確實發生過這樣的事。這些男性族群為數眾多，在女僕勤務勞動時段有很多可以接觸的機會，而且也是年輕男性中較具階級和相當財力的代表。

與漢娜．庫爾威克一起工作的女僕，日記裡寫有「和步兵見面」，珍．蘭尼也曾親眼目擊同僚深夜帶海軍回來。她在某公爵的聯排別墅當廚房女僕時，擔任接待女僕和家事女僕的兩個姊妹都是和警察結婚，然後辭職。之後，接任的短期接待女僕，也是在沒多久之後就和公爵夫人的外甥發生關係。回想起來，那時女僕明明都要就寢了卻畫了妝，也太不合乎常理了，應該是公爵夫人真的一點都不在意女僕的戀愛情事，所以才沒發現的吧！

偷偷發展的戀情

若是規模較大的鄉間宅邸，那些依附於領地的勞動者、可以不掩人耳目送花的園藝師、身材高挑帥氣的僕人，還有「容光煥發」的管家等等，都可以成為戀愛的對象。一九〇九年出生的前管家史丹利．史威爾（Stanley Sewell）表示：

「這裡每個人都和僕人結婚。為什麼啊？因為近水樓臺呀！管家通常會和家事女僕或廚房女僕結婚。有些則會和貼身女僕結婚。」——他自己本身就是和貼身女僕結婚。

一九三〇年代，由雜務女僕晉升到家事女僕的艾蓮．鮑德森，也是和管家談戀愛。在這個時代中，彼此交往是件「非常慎重」而進行的事。那是在溫莎（Windsor）宅邸工作時發生的事。

「從森林小屋（工作地）離開，然後相會見面，再從約會地方返回我的住處，喬治則留在村裡喝一杯，錯開時間再回來。」

有半日休假時，兩人會相偕去拜訪他的母親。然而，這段戀情最終卻以悲劇畫下句點。

即使制定了規矩，鄉間宅邸的女僕們還是能隻手遮天地逃過女主人之眼，或瞞過無所不在的女管家監控。曾有男僕人與廚房女僕長在燈屋的坐墊下藏紙條，互通情誼，且於清晨四點偷偷外出在森林裡散步。而朗利特館裡的育嬰女僕和客房接待員的幽會場所，則是在兒童房的浴室。

美麗花園被認為不是約會的好處所。芬妮．烏爾特工作的牧師家庭，因女主人喜歡野花，故由接待女僕身兼室內插花女僕的工作。每當要外出採花時，「出去的這段期間，會拜託家事女僕來幫忙接聽電話和代理玄關招

配合蒸氣列車經過的時間，向工程師戀人揮動手帕的貼身女僕。《*Cassell's Family Magazine*》1892年刊載。

待」。如此一來，她就可以避開雇主耳目，抓住一點時間和園藝師威利共度快樂時光。

漢娜．庫爾威克從維多利亞時代中葉到一八八〇年代的這段期間，職位是一般女僕，每週很少有固定的休假日，想要休息就必須提出申請。不過偶而也有去向其他人傳遞訊息的差事，這時候就是她的機會。一八七一年二月八日，漢娜利用這方法跟戀人「大主人」（蒙比）共度一段甜蜜時光。

約莫五點左右的「用茶時間」，她被委託去傳遞訊息，她心想「太好了，這樣可以省去提出申請休息的麻煩」。她先前往要傳遞訊息的家庭，之後六點到戀人家裡，「在時間允許的情況下，陪他度過愉快的兩小時。和『大主人』一起散步到弗利特街，在轉角處我們擁抱親吻，然後休息片刻。」

搭乘地下鐵回到家時，已經完全天黑了。因為拜訪的對方家庭有回信，但那裡的僕人弄丟了要交代的訊息，所以花了不少時間尋找。等他回家，抵達家門時已經九點，「心想會被罵吧，主人卻什麼話都沒說」。同樣在倫敦，傳送個訊息來回要花上四小時，的確是花了相當久的時間啊！

照顧「愛丁格」之子——兩個兄弟的保母露西．西奇曼（Lucy Hitchman），和馬匹看守員艾雷斯．瓊斯（Ernest Jones）是被主人認可允許公開交往的一對，日後互結連理。1911 年拍攝。

遠距離戀愛的悲劇

艾蓮．鮑德森和管家喬治的戀情發展，像漢娜那樣，最終的結局並不圓滿。她出生於北部的約克郡，喜歡在自然環境擁抱下的鄉間宅邸工作，然而當戀人搬到倫敦市中心的高級住宅街時，她只得轉職到附近。每當兩人走到後面，抬頭仰望「馬廄式洋房（Eaton Place Mews）」車庫的窗戶時，她便會嚮往著結婚後住在那裡的情景。所謂「馬廄（Mews）」是位於高級聯排別墅街道中另外建蓋的；進入汽車時代後成為車庫，是當時提供已婚男性員工和家人同住的宿舍。

雖然跟著戀人轉職，但到了夏季狩獵岩雷鳥的季節，居要職的管家也必須跟著雇主到蘇格蘭去。那時艾蓮剛好獲知在接近家鄉的鄉間宅邸中，需要一位臨時家事女僕，艾蓮便過去幫忙一段時間。兩人雖然每天通信，最後還是收到分手信，告終了這段戀情。

「真的覺得很驚訝！本來想回倫敦後就訂婚。期間也談了好多關於將來一起生活的事。（中略）理由？我想一定是他找到了比我更適合的人吧！在彼此分開這麼多年的時間裡！」

與戀人通信維繫感情

艾蓮的遠距離戀愛，最後沒有開花結果，然而大多數的女僕會與留在家鄉的戀人通信。芙蘿拉．湯普森在《雀起鄉》（*Lark Rise*）一書中，描述了十九世紀後半葉女僕的戀愛：

「和村裡年輕人訂婚的女孩有不少。這些女孩只有在夏天休假時，才能回來與戀人見面，因此平時都是靠密切的書信往來維持感情的。經過幾年的通信互訴情衷與偶爾見面的戀愛期，兩人就結婚了，然後在雀起鄉或附近村莊展開新生活。」

在芙蘿拉度過少女時期的村莊，很少有女性未婚生子這種事存在。若有那樣的事發生，村民的反應並不會覺得骯髒，反而是寄予同情。但身為母親，對自己女兒總是會再三叮嚀要謹守貞操，如果是別人家的女兒則會說「必要時，趕快結婚」——當知道婚前懷孕時，也能欣然地接受「生米煮成熟飯」的這個事實。傳統上，女僕們出身的鄉村地方，和固定對象立下婚約這段期間，常會以懷有身孕來作為決定結婚的契機，這個習慣行之有年。

城市不像農村那樣寬厚。行為不檢點導致懷孕，會在沒有介紹信推薦之下被解雇，對轉職是非常不利的。一個社會保險制度不健全的時代，大城市裡沒有像《雀起鄉》書中描述那樣仁慈寬厚的社區，倘若沒有一份能養活襁褓中孩子的職業，確實會陷入貧窮困窘的處境。一旦清楚明白將來可能面臨的不堪後果，的確會讓女僕審慎以對，因此，就私生兒出生率的數據來比較，倫敦是低於鄉村的。若只觀察結果，那麼一般人對鄉村女孩純真樸實，城市女子開朗大膽的印象，在此就饒富趣味地完全逆轉了。

當然，很多女僕會未雨綢繆地避開將來可能發生那樣不利的風險。一而再再而三地「謹慎交往」，儲蓄結婚資金。存款、料理、漂亮衣服、妝容，然後有時的行為「不檢點」。她們使出渾身解數，就是為了贏得喜歡的對象。雇主看到的女僕輕挑行為，其實只是女僕們為愛情認真付出的表現而已。

讀情人寄來的信。格洛斯特郡相館拍攝的小照片。約1900年代前半葉拍攝。

POST CARD

二十世紀初流行以熱戀中女僕們為主的漫畫式明信片，內容多為戀人之間的簡單問候或是用來寄給友人。

「分開前一個親吻，我走之前再一個吻別，這樣我走在雪地中，心裡就能分分秒秒地感受著那滿滿的溫暖」。郵戳為 1907 年。

「吻別」，郵戳為 1908 年。

「成為警官注目焦點的女子」未使用過的明信片，二十世紀初期。

「紅獅子」（酒吧常有的名字）未使用過的明信片，二十世紀初期。

「珍，你身上有香菸的味道」，穿紅夾克者是陸軍。郵戳為 1900 年代。

「倫敦的熟識」未使用過的明信片。1900 年代前半葉。

「秋之作戰行動」，郵戳為 1904 年。

「走在執勤之路是走上快樂之道」。郵戳為 1908 年。

「拒絕窺視」，但卻不知親吻了幾回。郵戳為 1915 年。

「年輕警官的冒險——廚師之愛」。郵戳為 1908 年。

「傑克上岸」。海軍通稱為「傑克．泰爾」，陸軍稱「湯米．艾金斯」，警官是「鮑比」，這些都是固定的綽號。郵戳為 1910 年。

「不對等身分的愛情」——傳說與現實

差距五十歲的酪農女僕與準男爵之婚

雇主階級和僕人結婚，或彼此發展出一段正常的親密關係，這樣的事並非不會發生，而是最自然不過的近水樓台之事。亨利．斐德史浩，一七五四年出生，一七七四年成為第二代準男爵，繼承興建於薩塞克斯之丘的宅邸「Uppark」。年輕時一度行為放蕩不羈。迷戀一個名叫艾蜜．利安（Amy Lyon）的鐵匠之女。甚至讓她在晚餐室的餐桌上跳舞。這位鐵匠之女日後成為艾瑪．漢彌爾頓夫人（Emma, Lady Hamilton），和英雄尼爾森（Nelson）提督的不倫之戀眾所皆知，不過那是另外的故事了。

經過半個世紀，邁入老年的亨利爵士偶爾在花園的陽台駐足時，會聽到年輕女孩的歌聲，這個聲音的主人是在酪農室工作的瑪麗．安．布拉克。老主人於是常常與酪農女僕會面，某天，突然向她求婚。他向驚訝過度的她說：**「妳不用現在給我回覆。如果妳願意的話，在我的晚餐上放一片羊腿肉」**。於是，那天晚餐出現了薄切羊肉。

亨利爵士把瑪麗．安送到法國讀書，學習刺繡等淑女養成教育。一八二五年，舉行結婚典禮。新郎已經超過七十歲，新娘還未滿二十歲。年紀差了五十歲以上。

這一切宛如麻雀飛上枝頭變鳳凰般美麗的情節，結局卻與童話故事不同，故事並未到此告一段落。家裡某個僕人嘲笑這個過去曾是出身卑微的酪農女僕，如今搖身一變成為「斐德史浩夫人」，亨利後來開除這名僕人。但主人的威嚴並不會觸及到社交界的各角落。在狩獵場上，仍會聽見有人毫不留情地說**「那是個冒牌假貨吧！」**

1｜2

1. 斐德史浩卿夫人──瑪麗・安・布拉克（Mary Ann Bullock）（1805-74）。正確年代不詳，約莫十九世紀中期以後，以未亡人身分拍攝的照片。2. 剛成人左右的亨利・斐德史浩爵士（Sir Henry Fetherstonhaugh，1754-1846）。畫於「Uppark」紅色接待廳的肖像畫。龐培奧・巴托尼（Pompeo Girolamo Batoni），1776 年畫。

她與亨利爵士兩人婚後過著安穩平靜的生活，直至一八四六年爵士離世。

包括宅邸在內的所有財產，皆由妻子繼承。瑪麗・安餘年在生活上謹守亨利留下的傳統，於狩獵場舉行宴會，提供宅邸出租作為新婚蜜月旅行之地，以及與一些貴族保持朋友關係，直至一八七四年離開人世。遺產全交給妹妹法蘭絲。

與貼身女僕結婚的孤獨準男爵

在德比郡卡爾克莊園，有一位娶女僕為妻，隱居在自己領地生活的準男爵。一七八九年，二十五歲的亨利・哈柏繼承父親成為第七代準男爵。從此拒絕一切社交活動，並和一個僅是貼身女僕身分的南妮・霍金同居，兩人於一七九二年結婚。打破階級社會制度框架的準男爵夫妻，拒絕與社交界來往，也與俗世隔離。那樣的生活方式，使得亨利爵士被稱為「孤獨準男爵」。而且這位孤獨準男爵似乎也不允許妻子與任何「男性、友人、僕人接觸」。

也因此，後來鮮少留下南妮個人生活概況的資料，後人僅能徒以想像，而在卡爾克莊園的接待廳，就掛著一幅用淺色蠟筆描繪她楚楚可憐姿態的肖像。幸好他們兩位的後代子嗣並不孤獨，日後再度活躍於社交界。

ADVERTISING

食品、家庭用品的廣告中，興起以勞動女性為主角的風潮，但裡面的女僕們都是微笑迎人。在最頂尖的時尚裡，是看不見髒汙和疲累的，描繪出對主僕雙方都是最理想的生活面貌。

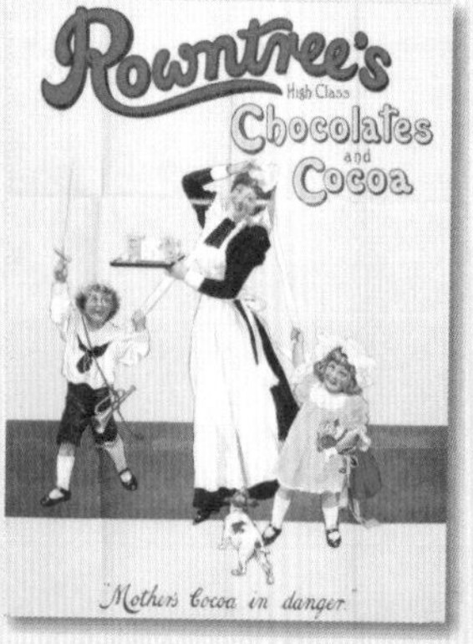

Rowntree's cocoa 公司廣告。1900 年。

無煙石炭爐。「溫暖，而且既不會熄滅，也不會弄髒」。可以讓女僕輕鬆微笑？

洗滌膠和漂白劑（BLUE）。1897 年。

萬能殺菌．洗淨阿摩尼亞乳霜劑。1907 年。

消化藥。「父親、母親、女兒皆可」。1900 年左右。

泡打粉。約 1900 年代。

家具用乳霜。1890 年代左右的廣告。
服裝在同時代中略顯復古風格。

「不是脱脂牛奶，本公司推薦全脂牛奶。」1910 年左右。

鋪在地毯下的布。廣告小冊子。1895 年左右。

瓦斯公司廣告單。打開瓦斯即可料理。1895 年左右。

鞋油。1910 年左右。

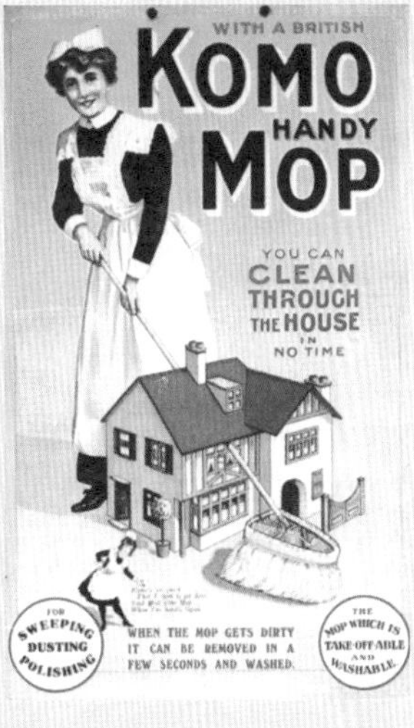

可拆洗的便利拖把。1910 年左右。

與廚房女僕私奔的公爵之子

以上兩個例子都發生於非正式貴族身分——屬於準男爵的地主階級身上。而位居最高爵位的貴族——公爵家，在十九世紀後半葉也出現幾件身分不對等的婚姻。索美塞特公爵（Duke of Somerset）的地位是除了王族以外，位列第二古爵位的名門望族。這個家族第十二代公爵之長男——聖莫伯爵，費迪南德．西摩（Edward Adolphus Ferdinand Seymour, Earl St Maur）在一八六九年，正當三十四歲青年又意氣風發之際，卻早於父親離世。在去世前幾年，他和一位異國的貌美廚房女僕——蘿絲娜．史瓦（Rosina Elizabeth Swan）私訂終身並育有子女。十二代公爵死前贈給孫女露絲（Ruth Mary St. Maur）相當於八萬英鎊的動產；孫子哈洛（Richard Harold St Maur）則擁有位於德文郡（Devon）的牛頓阿伯特（Newton Abbot）領地和宅邸。露絲日後活躍於社交圈，並與波特蘭公爵家族之一員結婚。第十五代公爵去世後，哈洛極力主張自己有資格繼承爵位，卻因雙親婚姻不是基於基督教之婚的緣故而被拒絕。有一說是叔叔陰謀使計，奪走他父母親的結婚證書。假如哈洛能繼承爵位，那麼他就是一位以女僕之子成為公爵的人。

曾經是貼身女僕的南妮．霍金（Nanny Hawkins，1?-1827）。與丈夫育有七名子女

卡爾克莊園（Calke Abbey）的孤獨準男爵，亨利．克魯爵士（Sir Henry Harpur → Sir Henry Crewe，原為哈柏後改為克魯）。21 歲時肖像。

與紳士祕密結婚的一般女僕

一八六三年一月，當時三十歲的漢娜．庫爾威克從來訪廚房的同僚友人口中得知，「曼徹斯特公爵（Duke of Manchester）的兒子羅伯特．蒙塔古（Robert Montagu）和育嬰女僕結婚」的事情。這件「麻雀變鳳凰」的佳話，讓自己同為保母的友人、同業者都羨慕不已。然而，漢娜卻回說「比起財產，能擁有愛、名譽，還有一位情投意合，談得來的對象更好。」。

詩人．法院律師——亞瑟．蒙比（1828-1910 年）。深感於從事體力勞動女性的魅力，為她們拍下了不少照片。

漢娜．庫爾威克的肖像照。弄髒的工作服、靴子，以及工作用的厚圍裙。手腕帶著象徵與蒙比有關係的皮手鍊。

在那樣的場合裡，談笑著世間不為人知的誹聞逸事的同時，漢娜本身也一直持續與有中產階級身分的紳士亞瑟．蒙比，有著交往十年的階級懸殊之戀，其中也有備受諷刺爭議的狀況發生。她在日記中寫下，蒙比從別的管道聽到羅伯特的閒言閒語，且被親人排擠於外的事。但羅伯特並未因此而退出政壇活動，日後還成為教育部長。

十年後，這段經過猶豫與糾葛的愛情於一八七三年，終於有了結果，漢娜和蒙比決定祕密結婚。然而，他們對外仍以女僕和主人身分同居，並於一八七七年解除關係。從此以後勞燕分飛，各自生活。由於他們的婚姻是祕而不宣，直至兩人死後才公諸於世，給世人帶人很大的衝擊。

結婚並攜手共度，「直至死後才分離」這樣白頭偕老的例子，畢竟是極其少數。正因為少見，才會引起眾人嘩然，成為廚房和接待廳茶餘飯後的話題。

第十章
女僕的未來

夫人的煩惱——部分中產階級家庭的情形

當愛德華．林利．桑伯恩（Edward Linley Sambourne）拿到親戚遺產，年收入達到六百五十英鎊時，他決定和瑪莉．安．赫帕斯（Mary Ann Herapath）小姐結婚。一八七五年，開始入住於肯辛頓的高級聯排別墅，使用著具有時尚設計感的家具。他以《Punch》諷刺漫畫誌的插畫家身分活躍於社會，林利的年收入很快就超過二千英鎊。這絕不輸於地主身分的身價，讓他躋身於氣派的上層中產階級。育有兩名孩子，雇用四個僕人、包括廚師、家事女僕、育嬰女僕和接待女僕或下級家事女僕。

從其妻子瑪莉．安的日記中可以看出，身為女主人常常需要為如何找到適當的僕人而絞盡腦汁。刊登報紙廣告欄，反覆面試，根據介紹信來核對前任雇主的推薦內容，有時甚至要直接去面談確認。家事女僕經常變動，廚師更是不知何時會走人。如：一八八二年一月在「《每日電訊

和知心女僕一起做料理的小姐。《*The Girl's Own Paper*》1887 年聖誕節號 刊登小說插畫。

中間是女主人瑪莉．安．赫帕斯（1851-1914）。旁邊是婆婆，前面是孩子，女主人背後可能是女僕。1884 年 10 月，海邊。

報》（*The Daily Telegraph*），刊登廚師的徵人廣告」，兩天後與「十位候選人面試，但只預計錄取一人」。這個被錄用的廚師在工作兩週後，很快就發生了問題，使女主人不得不加以訓斥一番。結果，沒多久就辭職不做了。即使偶爾會遇到好廚師，但結局總令人失望。於是，每隔幾個月就得重複同樣的徵人啟事。

如果是僕人自己主動請辭，通常需於一個月前提出「辭職預告」。若遇到被雇主開除的情形，除因違反重大規則，必須立即解聘之外，假如是一般性理由，雇主也需於一個月前發出「解聘通知」。不論是馬上發給一個月份的離職金，請僕人立即離開，或是讓僕人有一個月的緩衝時間去找下份工作，在無論如何都需要人手幫忙的期間裡暫留等等，辭職的手續會依狀況不同而有所差別。

在桑柏恩家庭服務的員工裡，歷任的接待女僕任職服務時間較長，一般都因為結婚才會離職。從雇主會直呼她們名字的例子就可以看得出，她們比家事女僕的地位高。服務到一八八三年為止的莉德、一八八四年的格羅夫斯，以及從一八八五年至一八八九年起被聘請的勞倫斯為止。

瑪莉・安夫人會「與莉德一起收拾餐盤」，「和勞倫斯整理後花園」，並顯示這個中產階級身分的夫人與最貼近自己的女僕維持著良好關係，並願意與她們共同分擔家務。我們雖然無法得知那些女僕當時的內心感受，但是從她們能長期服務這點來看，她們對工作環境應該是相當滿意的。

盯著畫架的林利・桑伯恩（1844-1910）。1893年。

位於肯辛頓史丹佛聯排別墅的桑伯恩宅邸。1910年左右。現仍保留維多利亞時代的內部裝潢，可供教學觀摩，採預約制。

桑伯恩家庭的接待女僕和夫人成為可以聊天談心的朋友，這和上流階級社會的貼身女僕有著異曲同工之處。但從那以後，瑪莉・安就再也找不到能建立那種信任關係的人了。瑪莉・安最後也只能退而求其次，找位居家事女僕地位之下的下級家事女僕來做事。

雇不到女僕！「僕人的問題」

僕人的候補人手不足，連帶也會影響到僕人的品質良窳。雇主們歸咎於「僕人的問題」，特別是從維多利亞時代後期以後，報紙和雜誌的徵人廣告層出不窮。當然，以前並不是沒有過這樣的問題。不論身處哪個世代的主人、夫人們總是愛抱怨「**最近沒有人願意當女僕了啊，還是以前比較好**」。姑且不論他們主觀的感覺如何，我們依然可以從統計資料中，看出十九世紀末，有關於「僕人問題」這現象的一些端倪。

根據一八九〇年商務部所進行的，以在倫敦工作的屋內僕人為對象的調查顯示，在一千八百六十四位僕人當中，有百分之三十六會於一年內轉職。從僕人職別來看，一般女僕有百分之四十七、廚師有百分之三十三、家事女僕有百分之三十五，會於任職不到一年的時間內就離職。整體而言，平均大約每三人就有一人，不會在同一職場服務超過一年以上。

若問夫人們，為何會產生「僕人的問題」？答案一律是僕人本身的問題。像是散漫不檢點的家事女僕、唱反調的廚師，夫人當然不會留任她們。女僕的態度一年比一年惡劣，特別是開始接受學校教育，吸收書本知識，有了一些小聰明之後，就更加變本加厲。以前擁有良善忠實美德的僕人，到底去哪裡了呢？但若從僕人角度來看，結果肯定全然不同。從前面各章節中可以得知，女僕的寢室簡陋、工作繁重、勞動時間長、生活態度和服裝都被干涉、少到可憐的休假日，連交個男友也要遭受白眼等等，女主人才是最大的問題所在吧！

女僕膝（Housemaid's knee）職業病

提出辭呈最常被用到的理由是，「求取更進一步的成長」（better myself）——想找條件更好的工作，想獲得更好的待遇，想讓自己變得更優秀等等用詞。

想賺取比現在更高薪水的轉職動機，是希望能在一個不分男女性別，不在意階級尊卑的家庭裡工作。逃離讓人不滿的居住環境、飲食內容、規矩、假期，或是夫人和同僚的個性，又或者只是單純不喜歡目前的工作等等，去追求一個「更好的環境」。

當然在上述的理由之外，也有因為身體狀況而不得不請辭的情況。令人訝異的是，許多女僕在回想自己的工作經歷時，都表示自己曾於「**第一個職場上，因生病或受傷而返回家鄉**」。十二歲或十三歲的幼小身體尚未發育完全，若沒有適度休息，每天超過十六小時高度勞力又不間斷持續工作的話，要維持健康是強人所難之事。

從散見於各項記載的資料中可以知道，以清洗物品而言，就極有可能會因手指受傷而引起敗血症。罹患「女僕膝」也是當時常見的職業病。現代病名為「**退化性膝關節炎**」。長時間以同樣的姿勢屈膝跪地，反覆的勞動，引發膝蓋骨和皮膚之間的滑液囊腫脹發炎的症狀。特別是要打掃暖爐和擦亮玄關的下級女僕最易出現此症狀。為了防止「女僕膝」的工作傷害，有

貼身女僕不滿同僚不雅的用字遣詞，提出離職。但她自己的地方口音也很重啊！《*Punch*》1853 年 5 月 21 日刊載。

前往職業介紹所，只有一個看起來骯髒不能錄用的孩子。但還是很多人前來。《*Fan*》1880 年左右。

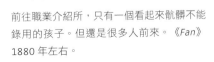

人會在黑色厚羊毛褲襪上附加一個「用舊褲襪縫成的厚墊」來做防護。禾奧萊·萊德勒在劇作家蕭伯納家中工作時，曾因罹患此病，不得不入院數星期，接受手術。

女僕生病或受傷之際，主人並無負擔醫藥診療費用的義務。就雇主而言，在處理方法上各有不同。有的會找來主人的主治醫師，有的讓女僕自己去看病，也有的夫人會解雇女僕，請她們自己回家鄉調養。

一技在身，順利轉職的例子

即使對所處職場沒有心生不滿，但當時女僕們普遍都有「想提升自己」這樣的自發性期許，於是學習技藝以求將來能獲得更高層級的職業，成為大家趨之若鶩的風潮。珍·蘭尼曾一度從洗碗女僕晉級到家事女僕，那時的上司主廚跳槽到別家，她說服雇主再讓她回到廚房擔任洗碗女僕。理由是雖然她資質優異，但廚師的必要基礎訓練還遠遠不夠。

地板、家具清潔劑廣告單。每天要求下級女僕需要用力擦拭地板到可以「照映出自己的臉」來。

跪膝清掃暖爐。每天早晨都要以相同姿勢，費工地清除地毯上的汙垢和灰塵。

縱然接受勸說，珍自己心裡卻想著如何盡快結束女僕這份職業。讀大學、任行政職、成為舞台女演員，然後是作家。有朝一日成為一個**「比當女僕更好的自己」**是珍夢寐以求的期望。作家之夢，在她出版自傳後，終於圓夢了。她去上大學，也編寫了《*Cap And Apron To Cap And Gown*》這本書，書寫脫掉女僕制服，穿上學士長袍之心路歷程。

瑪格麗特·鮑威爾同樣也曾思考過，她最大的夢想是**「一旦結婚後，必定要完全脫離女僕的世界」**。但她從未遲疑過，她知自己必須磨練出精湛的廚藝，才有機會轉換到更好的職場。有時深感技藝不足的她，得到雇主的許可，利用下午休息時間到料理學校上課。夫人會小氣地說**「當然可以啊，但要自費喔」**，所以她就去找學費最便宜的學校。選擇上一次課，費用二先令六便士的團體課程。她從「里昂先生（Monsieur Lion）」那學習了幾道節約食譜，讓主人非常滿意，但她心想應該是那位法國主廚的關係吧。實際上，那位法國主廚後來被發現是個謊報經歷的英國人，廚藝技術也遭到懷疑，最後只好辭職離開。

對瑪格麗特而言，《比頓夫人家政書》（*Mrs Beeton's Book of Household Management*）的食譜，是她習得獨門烹飪技術的祕笈。《比頓夫人家政書》裡，比頓夫人以曾為貼身女僕的親身經驗傳授綁髮和裁縫的技術。同樣地，蘿絲·哈里森以當貼身女僕為目標，但在此之前她必須熬過一段辛苦無收入的修業期間，於是詢問曾當過女僕，卻不能從家事女僕和廚房女僕異動到其他職位的母親的意見。得知她想

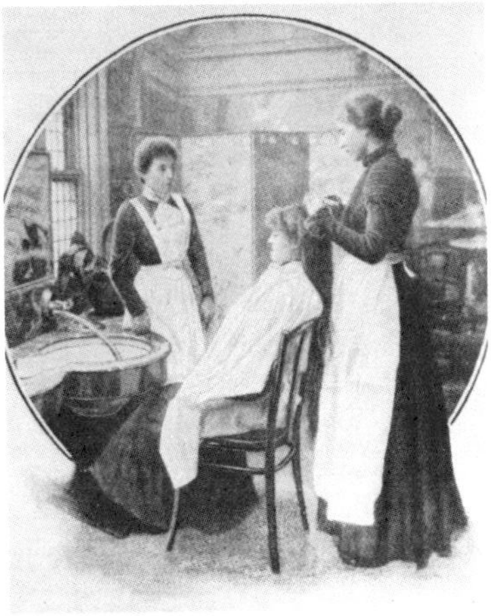

1 | 2　1. 圖片是十九世紀末活躍於料理研究界，馬歇爾夫人的料理學校。指導大家即使在沒有預算的情況下，也能做出精緻的法式料理。 2. 貼身女僕學習如何綁髮的樣子。鮑斯夫人（於後介紹）也曾聽夫人的吩咐，每星期兩次到夏菲尼高級百貨公司（Harvey Nichols）接受這樣的課程訓練。

出人頭地意圖的母親這麼回答她：

「一旦決定方向就不能脫逃喔。絕對不行。要從一而終貫徹地堅持走下去！」

蘿絲用了兩年時間到學校學習法語，並到裁縫店修業。之後展開服侍年幼千金的女僕工作。

實際上，也有從其他部門轉職成功的例子。家事女僕通常被要求照應前來拜訪且攜帶幼兒的女士，並協助照顧家中年幼的小姐。雖然育嬰女僕也負責照顧幼兒，但隨著孩子的成長，身邊還是需要有個貼身服侍的女僕。在留下的文獻資料中，像這樣的情形，雇主通常會掏腰包付學費，讓受信賴的女僕去美容學校上課。

女僕的最高地位——女管家（Housekeeper）

沒錯，女僕的最高地位是女管家。要爬到這頂尖位置有各種不同方式，大部分都是一步一腳印地從下屬升格到家事女僕長，當然也有從廚師、保母或貼身女僕晉級的。在發生身分不對等婚姻傳言的「Uppark」宅邸裡的女管家，就是以貼身女僕身分當上女管家的。

莎拉・威爾斯（Sarah Wells）從小就積極認真地生活，她曾到女子學校受中等教育。後來因為家道中落，不得已必須到裁縫店當學徒，累積了六年的經驗，於一八五〇年起到「Uppark」當貼身女僕。工作幾年後離職，結婚，一八八〇年又被召回當女管家。莎拉再度回到「Uppark」，那位「原

將提煉肉精（Soup Stock）商品化的比頓公司料理書。1894 年。從 1860 年左右開始，大量出版詳記份量和料理順序的實用食譜書。

為酪農女僕的準男爵夫人——瑪麗·安」已經去世了，由妹妹法蘭絲繼承「Uppark」宅邸。由於成長歷程之故，莎拉比法蘭絲受過更多的教育，據說這兩人從一開始就建立了如朋友般的關係。

然而在工作方面，莎拉因為沒有女管家經驗，無法統御下屬。據莎拉兒子的自傳所述，媽媽是「最糟糕的女管家」。這位對自己母親做出如此嚴苛評價的兒子，正是名作家——赫伯特·喬治·威爾斯（H. G. Wells）。他年少時期生活於「Uppark」宅邸的僕人活動區域，點點滴滴的見聞都反映在《托諾邦蓋》（*Tono-Bungay*）等多部作品中。莎拉·威爾斯在這之後，因管家實務被家事女僕長奪走而失去地位，一八九三年就被解雇。不過那時他的兒子正在文壇上嶄露頭角，所以她的後半輩子並不晦暗。

蘿絲·哈里森曾回想，在上流階級鄉間宅邸工作的上級僕人，他們流通的勞動市場是特定且限額自足的。雇主透過友人，女僕則與其他宅邸的同行保持私下的交流，透過口頭介紹好的工作地方或是優秀的僕人。想進去那個市場的門檻是既高且難的。一旦獲得認可進入這圈子，除非是犯罪或是不檢點，否則一步一步踏實地往上爬到頂端的位置絕對指日可待。

那麼爬到最高位置的女僕心情是如何呢？力爭上游到最高位置，之後又將如何呢？

1874 年從姐姐瑪麗·安那繼承「Uppark」宅邸的法蘭絲·布拉克（Frances Bullock）（1819-1895），之後改名為 Miss. Frances Bullock Fetherstonhaugh。

在「Uppark」服務 12 年的管家莎拉·威爾斯。外型與服裝看起來非常相襯。

長年服務的「忠誠僕人」

當達到職業的顛峰後，僕人們的生活就會趨於安穩。下級女僕會因結婚而離職，但大部分的上級女僕都會選擇以單身的身分，繼續投入工作。在工作的家庭裡，獲得夫人信賴支持的接待女僕，通常都會工作幾年，直到結婚才會想離開。蘿絲．哈里森陪伴在夫人身邊長達三十五年，直到夫人去世。一般而言，貼身女僕的人選偏愛採用年輕女孩，所以蘿絲的工作生涯應該列為少數的特例。

若依前述商務部的調查結果顯示，可以看出職位的高低，與離職率恰巧成反比關係。假如能在一個好家庭擔任上級僕人，不僅薪水、各種津貼少不了，啤酒、紅酒還無限暢飲，收入增加，休假也會變多。部屬會幫忙收拾髒汙，早晨起床也有茶喝，隨著享受的特權增加，對工作的滿意度也會隨之增高。所以比起結婚，以工作為優先考量不過是一種自然心態的表現。

然而她們內心的滿足，卻不能只用物質上的待遇來說明。芙蘿拉．湯普森在《雀起鄉》中描寫，一位名叫艾蜜的少女，從十一歲初到「二流職場」工作，在職場上備受重視，一直做到長大成人，最後被收為養女的故事。也有孩子因為喜歡雇主，工作一年後立即表示還想繼續留下來的意願。母親們對自己女兒那樣地「虛度青春」，大概不會感到開心吧。

一八九六年，一本少女雜誌《*The Girl's Own Paper*》，舉辦以「我的每日工作」為題目的作文競賽。由於女僕們的投稿相當踴躍，於是另設了一個「家事僕人」的文章專欄來發表優秀作品。評審這麼說「現在和以前一樣，大家總以為女主人和僕人之間一直都存在著惡意，印象中似乎只有具備頑固古板特質的僕人，才會在一個職場上待到終老。然而在這些寄來的文章中，你會看到現實生活和刻板印象是全然不同的故事」。

「我是個一般女僕，跟在夫人身邊，服務已經有二十三年了。」

「我二十三年前來到夫人身邊，當時還是小嬰兒的少爺和小姐，現在已經長大成人了。夫人總是貼心地關懷我是否過得愉快。」

「我在第一個職場工作了七年半之久。夫人非常親切，是真正的朋友。」

「我已經在這工作十年了。打掃清洗、烤麵包、整理花園等等。夫人是位非常親切的人。」

「我在這個家庭生活了五年，覺得非常幸福。」

「十六歲來到這裡，已經過了十三年了喔。」

「我在這個職場當了九年的管家。因為蓋了間小屋，不然我想在這裡住到退休那天為止，就這樣一直留在這裡。」

正如這位女管家所言，為了年老後有安定的生活，她們平日會儲蓄，買間小房子，所以職業的選擇是她們的目標之一。有些僕人在慷慨、環境優渥的貴族或地主家庭中工作，退休後會接受雇主提供不需租金的小屋子，繼續領取充分的退休金來生活。

「已經七年了喔，夫人跟我說幸好有我，生活才能過得很舒適。」

「我的夫人總是很親切，時時為我們設想，希望我們能開心地過日子。來這個家庭五年了。」

1911年攝於曼徹斯特紳士家的照片。廚師海倫．波特曼（Helen Portman）手裡拿著寫上「快樂的家庭」板子。

在「愛丁格」工作的女僕露絲．瓊斯（Ruth Jones），退休後和女兒同住。照片是1912年，90歲時拍攝。

二百二十封僕人的投稿中，有一半以上的來信都表示非常滿足於長期服務的家庭，他們並不是一味地指責女主人。而是接受關懷，之後報以感謝之情，看得出這是一份發自於內心的支持。

心生不滿之聲

不過，還有一個存在的現實——在「今日流行」專欄中，也可以看到僕人自己投稿到報紙，抱怨關於「僕人問題」的心聲。時代往前回溯到一八七二年。位於倫敦南邊薩里州的星期日周報《薩里彗星》（*Surrey Comet*）裡就有這樣的投稿：

「假如夫人們能表現出一點體諒的態度就好了；僕人和她們一樣都是有血有淚的人，希望她們能真心對待我們這些僕人。而且不要頤指氣使地對待我們像對待動物或物品般，規定要隨時迎合她們。如果不要這樣，那麼這條瑟比頓街上應該就不會蔓延著不滿的聲音……。不只是僕人，連居民都無人不知，無人不曉。」

這幾年報紙上的確刊登僕人群起激憤的怨言，雇主方面對此也極力表達反駁的態度。寄來的投稿函中：「不知有多少女孩樂意接受這樣低薪工資，也高興地工作著，而且當初在徵人需求條件上也都明列清楚了」，「應該是大部分僕人的信仰心還不夠堅定，得確實讓他們每星期去教會接受指導」，「現在僕人的薪水太高了」。

「夏塔巴洛」宅邸的女管家（應該是右邊那位）和家事女僕們。充滿輕鬆愉快的氣氛。1926 年拍攝。

不過夫人們的想法態度在這二十年之間有了改變，變得親切了……？或許吧！也或許是不同的媒體之故。男性閱讀的是週日的《薩里彗星》（*Surrey Comet*）報，而女性翻閱的《*The Girl's Own Paper*》是「宗教手冊協會」發行的仕女雜誌。本來針對的讀者就是中產階級女性，若有怨言是有可能會遭到女主人嚴厲追究的。

女僕之間的階級意識

投稿到《薩里彗星》的僕人雖指責夫人們不該有階級的差別性對待，但事實上，僕人之間也會以同樣的態度互相對待。特別是在貴族或地主大宅邸裡做事，位居最高階級的僕人。這些上級僕人會依主人的社會階級地位，把自己也融入在那個階級中，意圖讓周圍的人將他們與主人視為一體。曾為貼身女僕的鮑斯夫人這麼說：

「尤其對堅持工作方式的家事女僕、貼身女僕、男僕人而言，主人的『養成教育』更是重點，具優良傳統的英格蘭貴族對待他們的僕人是宛如寶石般的愛惜。所以，我們每個人也都以擁有上流階級的氣質而感到自傲。」

如第五章所述，僕人廳的用餐會按地位高低依序入座，並接受服務。上級與下級之間存有很深的鴻溝，正如他們與樓上保持著一種嚴格的上下對待關係一般。當大宅邸舉辦過夜的家庭聚會時，賓客都會帶著自己的貼身女僕、隨從和車夫隨行。他們沒有自己的名字，而是以主人的名號或領地封號互稱對方，所以僕人廳安排席

1 | 2　1.「布洛斯沃斯廳」的廚房女僕──凱特．戴（Kate Day）。1910 年曾離職，後因丈夫去世，再度返回原來的工作崗位。 2. 在「布洛斯沃斯廳」工作的年輕蒸餾室女僕。名字和年齡不詳。

位，也會照主人的地位來決定僕人的座位。

在某地主家中工作的貼身女僕提出離職要求時，信中這麼說：

「一直以來能服侍夫人，我真心感到滿足。然而，我每次都是最後一個離開大廳的女僕，這件事深深傷害著我。所以從現在起我想要去服侍有『某稱號』的女士，或最低限度是要具有『尊貴』（The Honorable，約為子爵、男爵的千金等級）地位的主人。』」

如果這個發言屬實的話，那不也是深深傷害了地主夫人了嗎？

世界大戰爆發前夕的一九一二年，某個觀念先進的女主人曾提議「一個月一次，允許每個員工可以招待友人到僕人廳交流聯誼」，卻被女管家以「上級僕人並不希望與下級員工的友人或親戚有瓜葛，我敢肯定他們會抵制這件事」而反對。

和這相似的情形，一九〇二年左右，J・M・巴利（James Matthew Barrie）創作的《令人欽佩的克里克頓》（*The Admirable Crichton*）戲曲中描繪，「激進的」貴族主人會定期舉辦宴會和僕人交流，但因為話不投機，所以氣氛也不愉快，只是造成樓下人的麻煩罷了。

外面世界對待女僕的態度是不友善的。在鄉村，雖有看起來精明幹練又時髦的女孩，在城市的她們卻會被輕蔑。

一九二〇年代某個雜務女僕這麼說：

「我自己很討厭跟別人說我是個女僕。感覺那是不體面的工作。尤其是廚房女僕。如果是接待女僕的話，就勉強可以。」

瑪格麗特・鮑威爾也曾聽過同僚給的建議，如果有喜歡的人，絕對不能跟他說自己是個女僕。在其他職場做事的接待女僕希爾妲，更是進一步地謊稱自己是個祕書。但當她帶著情人到作業室，準備開始調情之前，卻不禁手腳俐落地清洗剩下的銀器，毫無意識地露出了平日的習慣。身分被揭穿後，可憐的希爾妲就再也沒機會去海軍士官的軍舍了。

前廚房女僕瑪格麗特聽到這件事時，應該覺得很難受，卻能將它用好笑有趣的方式把角色寫得活靈活現，因為有這樣的文采，她的幾部著作都能大放異彩，也成為深受歡迎的電視名人。

消失身影的她們

回想起年少那段拼命奮鬥的日子，就會讓人覺得格外閃耀。尤其是那些在穩定的鄉間宅邸裡長期工作的人，更有如此強烈的感受。或許那段遙遠的記憶已經模糊，事實和時序也朦朦朧朧。雖同為僕人，所需遵守的規矩也會因家庭而有所差異，使得個人的體驗和經歷會大不相同。但每個人對於過往點點滴滴的回顧，都是真情流露的。

「我人生中最幸福的時光是十四歲到二十二歲那些年。那是我在英格蘭貴族和紳士階級開始逐漸沒落以前，在大宅邸度過的那段歲月⋯⋯。住在那偌大的屋子裡，能凝望著珍貴的寶物和觸摸它們，讓我有種獨享特權的感覺。」（前家事女僕）

一九四六年珍・蘭尼結束女僕生活，開始以教育者的身分工作。新職場在倫敦的伊頓廣場（Eaton Square），這棟建物與她之前在地下廚房工作的建築一樣，是由聯排別墅改建而成。因為不再是女僕，不需使用「樓下」的出入口，可以從正面玄關自由進出。辦公空間是以前「樓上」的人舉行社交往來的接待廳。這讓珍的背脊不禁起了一股寒意。

「每次去地下室的文書資料庫，胸口都會隱隱作痛——那絕不是因懷念引起的痛。（中略）。曾經，在這樣灰暗的地下牢籠裡，站在長長的流理台前，使用著不美觀的爐子，那個我或是和我在一樣處境的某人，正揮汗如雨辛苦地工作著。現在的我總是不由自主地又把自己投入那樣的情境裡……」

「和年輕女孩到地下室拿資料時，我都會跟她們說這裡曾經有人在這工作喔，這裡以前是廚房和洗碗的地方喔。但她們都用一副不可置信的臉看著我，彷彿我是來自其他星球的生物。然後顫抖的說，『感覺好陰森恐怖欸！』或『這裡說不定有幽靈存在！』」

「是啊，這裡有幽靈喔，我也是其中之一啊！」

階級社會雖然仍活生生的存於今日，但已與百年前的樣貌相差甚遠了。即便是懷念，也不會想回到從前的日子。如珍說過的，女僕是「看不見的精靈」，那或許是為了「讓自己成為更優秀的人」重新出發的期許，而今日的電影將那飄忽穿梭的身影留在影像畫面裡。或許是想讓人多少去感受她們那份隱藏於心的情感吧！

愛德華時代薩佛男爵（Savile）的根據地——華麗的社交舞台，位於諾丁罕郡（Nottinghamshire）「拉福德亞比（Rufford Abbey）」大宅邸。因為難以維護，於 1939 年拍賣，成為軍隊的軍舍。戰後也因擱置受損一度崩塌解體，目前以半毀損狀態對外公開展示，可以作為鄉間宅邸興衰歷史的見證。

萊斯特郡「諾斯利宅邸（Knowsley Hall）」，1930 年代的員工，由於雇主前往蘇格蘭，正進行八月分的大掃除。從左起分別是書房女僕法蘭斯、第三女僕蓓琪、男僕人查理、家事女僕長瑪莉，和第二家事女僕奧利佛。

後記

在我一邊書寫有關英國維多利亞時代指引的文章，一邊以古代「考證」之名進行相關的動漫作品，已經約有八年時間了。當開始思考關於過去人們的生活文化這課題時，心中的問題源源不絕地湧現。他們穿什麼？吃什麼？住在哪種房子？心裡想些什麼來度過每一天呢？想知道他們的生活，就像想知道全世界發生什麼事那樣地渴求。

在散見的各種資料中，能吸引我注意的，往往不是主角而是配角；女性角色多於男性；小孩勝於成人；女僕重於小姐，重要的是那些圍繞在中心人物以外的市井小民。我是何其有幸地能以女僕們為主題來書寫本書。

書寫此書的契機點是與川端有子老師相遇；在圖片和英文上給予指導的岩田託子老師；在剛開始蒐集查閱關於英國女僕資料時，告訴初心者的我，我們身處的是個無遠弗屆網路世界的森勳先生；編輯村松恭子先生，當我在寫作中感覺到壓力而快無法支撐時，只要想起大家的笑臉就能跨越困境。真心謝謝你們。還有由衷感謝總是接受我不按牌理出牌，讓我採訪英國相關資料，初稿完成時最先閱讀的岡本賢一先生。

二〇一一年三月某日

村上理子

女僕的秘密生活：黑衣、圍裙、白緞帶，揭開英國底層社會的隱藏真相

作者　村上理子
譯者　謝麗卿
責任編輯　陳姿穎
版面編排　江麗姿
封面設計　任宥騰
資深行銷　楊惠潔
行銷主任　辛政遠
通路經理　吳文龍
總編輯　姚蜀芸
副社長　黃錫鉉
總經理　吳濱伶
發行人　何飛鵬
出版　創意市集 Inno-Fair
城邦文化事業股份有限公司
發行　英屬蓋曼群島商家庭傳媒股份有限公司
城邦分公司
115台北市南港區昆陽街16號8樓

城邦讀書花園　http://www.cite.com.tw
客戶服務信箱　service@readingclub.com.tw
客戶服務專線　02-25007718、02-25007719
24小時傳真　02-25001990、02-25001991
服務時間　週一至週五9:30-12:00，13:30-17:00
劃撥帳號　19863813　戶名：書虫股份有限公司
實體展售書店　115台北市南港區昆陽街16號5樓
※如有缺頁、破損，或需大量購書，都請與客服聯繫

香港發行所　城邦（香港）出版集團有限公司
香港九龍土瓜灣土瓜灣道86號
順聯工業大廈6樓A室
電話：(852) 25086231
傳真：(852) 25789337
E-mail：hkcite@biznetvigator.com

馬新發行所　城邦（馬新）出版集團Cite (M) Sdn Bhd
41, Jalan Radin Anum, Bandar Baru Sri Petaling,
57000 Kuala Lumpur, Malaysia.
電話：(603)90563833
傳真：(603)90576622
Email：services@cite.my

製版印刷　凱林彩印股份有限公司
初版 1 刷　2020 年 12 月
初版 5 刷　2024 年 8 月
ISBN　978-986-5534-29-5／定價　420 元

Printed in Taiwan

※廠商合作、作者投稿、讀者意見回饋，請至：
創意市集粉專 https://www.facebook.com/innofair
創意市集信箱 ifbook@hmg.com.tw

國家圖書館出版品預行編目資料

女僕的秘密生活：黑衣、圍裙、白緞帶,揭開英國底層社會的隱藏真相/村上理子著；謝麗卿譯. -- 初版. -- 臺北市：創意市集出版：英屬蓋曼群島商家庭傳媒股份有限公司城邦分公司發行, 2020.12
面；公分
ISBN 978-986-5534-29-5(平裝)
1.社會生活 2.女性勞動者 3.僱傭 4.英國史

741.3　　109020192